Emociones eternas

Velimir

EMOCIONES ETERNAS

Editado por: Corporación Ígneo, S.A.C.
para su sello editorial Ediquid
José Olaya 169, Ofic. 504, Miraflores. Lima, Perú
Primera edición, noviembre, 2024

ISBN: 978-612-5160-93-5
Tiraje: 50 ejemplares

Hecho el Depósito Legal en la Biblioteca Nacional del Perú N° 2024-10960
Se terminó de imprimir en noviembre de 2024 en:
ALEPH IMPRESIONES SRL
Jr. Risso Nro. 580 Lince, Lima

www.grupoigneo.com
Correo electrónico: contacto@grupoigneo.com | Teléfono: +51 955 071 270
Facebook: Grupo Ígneo | X: @editorialigneo | Instagram: @grupoigneo

Colección: Nuevas Voces

Contenido

Pulsos y batallas del corazón

Soberbio y testarudo,
pero siempre con la cuota de humildad
que podría conquistar un mundo lleno de vanidad,
que solo menciona el comienzo de su vida
y no su presente,
que no canta el futuro por miedo
a los sacrificios que deberá hacer
para construir su propio castillo de vida.
Rencoroso por la vida,
voy pidiéndole perdón a mi alma
y disculpas a mi corazón,
y cuán grandioso y horroroso se me torne el porvenir,
le voy agregando el condimento a mi futuro
con la razón de volverlo agradable.
Sin embargo, lo elocuente y significativo de la vida,
que son sinónimos mendigando sobrevivencia para nuestro porvenir,
serán siempre el juego de la vida,
que por más y menos van contando la historieta de tu vida,
que suma y sigue volcándose en los abismos
o paraísos de tu inconsciencia.
El mar se torna con tempestad
solo cuando se aleja el amor del corazón,
y la tierra permanece fértil
solo cuando el pasar de la existencia
te enseña el valor de tu vivir.

El rojo puede ser azul si el sentimiento es amor,
como también el odio transforma los colores a su antojo
en los corazones malvados.
Los sitios son verdosos con amor,
y grises con falta de cariño.
Solo tu corazón domina la lucha
y las batallas de tu vida,
y hace permanecer y priorizar lo eterno,
«que es el verdadero amor».
Los vientos solo se vuelven certeros
cuando no ha temblado,
y cuando tiembla la tierra
absorbe la riqueza que hay en cada ser,
apoderándolos del terror
que tienen oculto allí en los rincones de su calma.

Poesía eléctrica del amor

«Y si te quiero y te siento así, recuérdalo»,
el alma es la imagen que ama todo recuerdo de vida.
Los momentos e instantes envuelven el corazón de alegría
como el estaño que va día a día
soldando los cables de cada circuito eléctrico de amor,
que te acompañarán con la energía y la luz
para toda nuestra vida y existencia.

Amándote por siempre

«Y tu amor y el mío vivirá por siempre»,
entre laderas, senderos,
y las cumbres de nuestro destino.
Por los montes desaparecerá nuestra sombra,
y entre bosques y arbustos renacerá nuestro amor,
cantando las melodías del afiato de nuestro primer encuentro,
como el primer ruido de madrugada del colibrí,
que hizo y hace eterno nuestro amor en un viaje al universo.

Logros al cielo, «para ti, mi viejita»

La vida nos cuesta,
los sueños día a día se percatan
de que cada ilusión y fantasía
en su punto exacto hecho realidad,
no necesariamente pueden ser un triunfo,
sino más bien, un vuelco de una desdicha
que pretendía ser un fracaso,
pero en el camino se convirtió en un sueño ya hecho real
y que ha cobrado vida,
una verdadera vivencia cantando por la madrugada
melodías al viento con la convicción
de que todo buen fruto nace y predomina
con la perseverancia de nuestros cinco sentidos,
y «el sexto sentido»,
que vive oculto allí en algún rincón de nuestro ser
y siempre será utilizado en ciertos momentos
e instantes de nuestro vivir.
Este logro va para ti, «mi viejita»,
todo irá por siempre bien encaminado
si vamos con nuestro Dios de la mano,
con el sexto sentido que nos comunicaremos siempre,
ese sexto sentido que domina los otros cinco
y se llama «amor».

Montañas de vida

Son horas interminables,
cada segundo me sabe a un cigarrillo
y una buena copa de alcohol,
pero todo el mundo pasa ocasiones así,
deseando ser libre tan solo un instante.
Recuerdo los quinientos días de encierro
a causa de mi locura,
allí, cuando la imaginación jugaba conmigo
como si yo fuera un títere,
y costaron muchos años para que la revancha
tuviera los puntos a mi favor,
tal cual, como el día de hoy,
que yo, en conjunto con el día y las noches de oscuridad,
logré hacerme cargo de mi propia imaginación.
Lo denso, si lo logras,
puede volverse acuoso poco a poco
a medida que van pasando los años,
y, si te das a conocer que la vida
no está en traspasar la montaña tan rápidamente,
la calma te lleva a analizar
que del otro lado de la montaña
también nos espera un obstáculo llamado supervivencia,
que con astucia podría ser amansada.
Y, si hoy cuesta sobrevivir antes de aquella cima,
debemos serenamente esperar
la nueva aventura detrás de aquella montaña
con cautela.

Aromas de la imaginación

El escenario está sin espectadores,
hay una especie de soledad aquí,
y mientras el aroma desquiciado de la muerte
deambula día y noche por los pasillos,
se sienten a ratos campanas.
Tal vez son ángeles,
o la imaginación misma
efectuando su poder en el azar de los caminos de la vida.

Soñándote

Tuve un sueño ligero, así, «tan rápido» que te amé por solo un segundo.
Y, tal vez, aquel sueño vuelva
y se acerque nuevamente en mis madrugadas de soledad,
pero, en otro paisaje, en otros campos,
en otra ciudad, en otros cielos,
o tal vez, en otro paraíso.
Lo único que sé es que todo durará tan solo «un segundo».

La compañía del loco

La compañía de los locos y los solitarios es imaginaria,
solo allí se acentúa el valor y el coraje
de no temerle a la soledad ni al destino
cuando los bosques que habitan tu alma
han perdido sus raíces.
El coraje y el valor saben amargos algunas veces,
sobre todo, si se dan por perdidas
las luces que guían tu corazón
en los trancos del caminar por la vida,
pero lo necesario para con la sociedad normal
siempre será innecesario para con la locura,
que sobrevive plácidamente
los rumbos de su existencia.

La inmortalidad de la memoria

Suelen ser agradables los momentos
en donde sonríes contigo mismo en tu intimidad,
recordando historias y anécdotas
que en cierto modo sostienen
una cuota de inmortalidad para el corazón y la memoria.
A pesar de que los gusanos, y siempre lo he pensado,
son los dueños de nuestros huesos.
Lo único trascendental y que se puede valorizar
como un trofeo eterno debiera ser el «recordar».
Cuando recuerdas, la memoria se conecta
consciente e inconscientemente con tu sentir
dando paso a que todo nuestro ser
emita las emociones en base a los sentimientos
que están guardados en nuestros baúles,
que son «el corazón y el alma».

La magia de la vida

La vida es una aventura,
es la dicha de a quien el corazón le palpita
por las mañanas viendo sonreír a sus cachorros,
la vida es la magia que corre por tus venas
y se convierte en los trucos formidables
que aparecen en los días de tu existencia,
«la vida es magia y amor».

Navegando por sueños de vida

El presente en sí se hace cargo de ti mismo
entregándote la satisfacción
de mirar el cielo al amanecer por la ventana
y certeramente saber que estamos
dentro de un sueño vivo,
que tuvo pasado, tiene presente y tendrá futuro.
Mientras sientas, hemos de saber
que estamos bendecidos por la vida,
o tal vez, por un sueño que algún día tendrá un fin.

El gato de ocho vidas

Solo con Dios vengo y con Dios voy,
un Dios que me fortalece día a día.
La valentía y el coraje de la supervivencia
siempre me representarán como un gato de ocho vidas.

El caminar de la sencillez

La sencillez proviene de la humildad,
a pesar de que cada gusto siempre va acogido
a un poco de grandeza en cada ser humano,
pero, mientras el corazón sea sincero y transparente,
los caminos de la sencillez
te acompañarán para toda una vida.

La paciencia en los anhelos del vivir

La mayoría del mundo consigue lo que anhela bajo presión,
se olvidan de que la paciencia es símbolo de eternidad,
y dentro de todo, es la clave y una especie de perfección
para que todo logro permanezca
y perdure en el tiempo
como el real tesoro de tu existencia.

Entendiendo la existencia

Sensatamente le pido a la vida más vida,
soberbiamente quiero más vida,
y por los puentes de la existencia
voy caminando buscando vida.
Lo ilógico no se compara,
solo atrae lo lógico para con la supervivencia.

La tempestad

Había una enorme tempestad en su corazón,
aquel bote iba en naufragio en aguas tibias
y llenas de decepciones.
El mito de la felicidad invadía su alma
entre petardos que se incrustaban
en la sensibilidad de su ayer y su hoy
y encendían en llamas ese fuego
que permanecía quemando su alma
noche y día en la angustia de ser o no ser,
de querer y no querer, de amar y no amar.
Todo era la ruta de la vida,
que rasguñaba su vivir en el vaivén de lo desconocido.

Panal de dudas

En el acierto y el desacierto siempre existe la duda,
lo cierto, tal vez te convence, lo incierto te aplasta,
pero la duda que habita en el panal de tus sentidos
carcome tu sentir y queda encajada en el corazón
para toda la vida.

Injusticias del mundo

Tal vez estoy loco, pero se me torna coherente
viajar en la imaginación, todo esto es mi excusa
para afrontar lo que hay en mi pasado,
lo que vive en mi presente con una mirada hacia un futuro
que no alcanza la cierta solidez que quiero edificar
de acuerdo con mis pensamientos.
Y, es más, me siento un poco mediocre
por no haber conquistado lo que tuve a mi alcance
en mis tiempos de gloria cuando era un joven
lleno de energía en las luchas de este mundo
precario y envuelto de basuras de injusticias
para los semejantes de buen corazón.

Almas cantando libertad

La evidencia más sorprendente de que hay vida
detrás de la imaginación, es que allí sobrevive
el verdadero amor, un amor capaz de conquistar
todo lo desconocido y ajeno a toda percepción.
Allí, lo mutuo vale por cinco vidas dentro de una sola alma,
que cantarán la libertad por los siglos de los siglos
pregonando la paz para la humanidad.

Sucesos desconocidos

Solo quien entienda esto,
goza de la verdadera locura de la imaginación,
«otro universo del amor».

La muerte no pide permiso,
solo te encaja el cuchillo robándote el corazón.
Lo opuesto sería que la vida, con su permiso,
te encajara puñaladas de energía viva,
y solo así, siguen existiendo los enigmas
de quienes habitan entre la vida y la muerte.
Almas vagando como zombis buscando paz.

Ciclos de la vida

Y tiembla la tierra, el lobo se resiste.
Momentos de temor por lo que vendrá en algún momento.

El mundo de los locos

No caminamos en la perfección,
«recuérdalo», la indolencia es nuestro *marketing*.
Vemos todos siempre cada uno por uno mismo,
y eso me da ganas de vomitar, vomitar la desigualdad
que todo el mundo la canta como igualdad.
Me apesta la incoherencia de algunos
que predican lo mejor para todos
mientras arrojan odio de sus almas,
predican lo correcto siendo incorrectos.
Los puntos vienen a su favor en este mundo
en base a la hipocresía que sustituye sus bases como personas,
pero el vientre que permanece quieto
con su feto invernando amor
correrá algún día por las alamedas de nuestra propia ciudad,
es decir, «nuestro corazón»,
que en algún instante recogerá del piso nuestro dolor
con caricias verdaderamente de amor.
Solo mantén calmo y sincero tu corazón
y entre bombos y platillos
cantaremos en algún momento la libertad.

Cariño de sangre

Las bases de la sinceridad no son otra cosa que
lo que está plasmado en el centro de nuestro corazón.

Mordiendo los momentos

No contento con el pasar de los años,
intento cada día doblegar el tiempo,
un tiempo que degrada, rasguña, muerde,
y también fortalece con el paso de los años nuestra existencia.
La muestra de lo bendito en nuestro paso por la vida,
es la convicción de ser, de estar y sentir,
la maldición es la muerte,
pero el trance que podría ocurrir en algún momento
e instante de no haber dado solución a toda duda del vivir,
podría ser peor que lo que hay en la muerte
y los tiempos de vida, que en sí,
son los que recogen permanentemente
lo que fuimos el ayer, somos el hoy,
y seremos, tal vez, un futuro inverso
a lo que quisimos edificar para con nuestro existir.

Etapas de todo ser

El corazón es inocente,
y la mente una víbora,
que solo puede ser dominada por vuestra alma.

Dos almas en un cuerpo

Las páginas ya están escritas,
soberbio nací y soberbio moriré,
pero, sin embargo, sumaré a todo esto
el amor que yace en mi vida,
que cuenta con dos almas de locura en un solo cuerpo.

La fiebre del querer

La temperatura se elevaba,
era simplemente la fiebre
que hacía enrojecer mis mejillas
de un calor extraño y tan fluido
que me sentía morir.
Desde allí se transformó mi corazón
en un pétalo de una rosa azul,
que ama, que quiere,
que no le basta con lo sencillo
de ciertos momentos de la vida,
quiere más, y anhela un mundo distinto
antes de partir a los sitios desconocidos.

Las causas de todo

A causa y por causa de...
son los problemas y las trampas que te pone la vida.
Y ten cuidado, la indecisión puede sobornar
tu propio corazón y hacer mierda tu vida,
mientras tanto, aléjate de los que te hagan daño
hasta que recuperes tu capacidad
de decidir certeramente lo que en realidad
quieres que sustente tu estadía por aquí,
aquí, donde debemos ser fuertes y pacientes
en lo que es sobrevivir.

Enigmas buscando perfección

Las cartas que te envié
solo permanecen en nuestro corazón.
Todo ya se ha ido hacia otro universo
y, por lo pronto, estoy bien aquí.
Te amo, mi viejita.
Pobre de mis orejitas, «mira por la ventana».
Estoy allí, no en cuerpo, sino en alma.
Saludos y un gran abrazo, no me ves,
pero yo sí te estoy observando allí,
desde afuera, por el espacio de aquella cortina,
donde no puede observar cualquiera,
solo unos pocos, que tienen el don
de estar en varios sitios a la vez.
Ni yo lo sé, ni el mundo lo sabe.
Todo es tan extraño, que no importa a veces lo que se vive aquí,
sino reaparece más, la inquietud de saber
lo que vendrá en un más allá,
a pesar de que siempre puedo estar en varios sitios por aquí.
El álgebra no es tan certero como parece.

Todo tiene imperfección, y cada uno de nosotros
esperamos por la mañana la apertura de una ventana
que nos haga saber que allí está la verdadera solución,
la perfección real para dar con la solución
a ciertos enigmas que escapan de lo natural.
Puede estar en cualquier lugar.
Y date cuenta siempre,
que en el espejo los números son al revés,
la perfección puede en cierto modo
vivir detrás de tu propio retrato.

En el bien de corazón no existe precio

Acepta toda bendición,
la bendición de toda cultura,
que si viene del corazón de ese semejante
envolverá tu corazón con alegría.
Todo es historia, razas y culturas distintas.
Si te bendice un buda, un cristiano,
y es más, si te bendice un brujo, un chamán,
que en su solemnidad te quiere ver bien a ti
con todo su corazón, «acéptalo».
Los dueños de la razón no existen aquí,
somos 7 mil millones de habitantes
y ninguno de nosotros tiene la verdadera convicción
de tener la real certeza de que somos dueños
de lo que es ciertamente existente y perfecto.
Por ahora, date cuenta,
que si cada semejante te trata con amor,
serán buenas energías deseadas de alguien
que con aprecio deseó para tu vida un bien.
Invadía siempre una discordia en mi mente,
y era tan lúcida y a la vez con tan poco convencimiento
que amarró en cierto instante mi corazón
diciéndome día a día, en sueños y fantasías
que yo no tenía la razón del todo.

Dialogué una semana entera con mi propio ser,
con mi corazón y mi alma, y llegué a la conclusión,
que todo ser natural al igual que tú y yo,
si nos deseamos el bien por siempre
sea cual sea nuestra creencia, cultura,
o simplemente un principio de amor
que yace en nuestro sentir
de acuerdo a intentar rehacer mutuamente entre seres
la probabilidad de tener en descanso nuestro origen de existencia,
siempre hay que bienvenir todo con un afecto de agradecimiento
si es para bien.
Toma siempre en cuenta,
que quien desea lo mejor para tu vida
se merece la más y bendecida respuesta de amor
por parte de tu corazón.
Quien ama siempre será amado,
quien odia también puede ser amado,
pero no odiado por tu parte
si en tu alma vive y resplandece la luz
y la energía de la verdadera fuente de vida que es el amor.

Instantes de felicidad

La felicidad se ausenta por un tiempo
en el recorrido de la odisea de tu vida,
pero aparece a ratos,
y esos pequeños instantes hay que vivirlos
con amor en la plena estancia del paraíso de nuestro corazón.
«Recuerda, que la felicidad son solo pequeños momentos»,
y de acuerdo a como vaya caminando el tren de tu destino,
conoceremos esos hermosos tiempos de gloria
en el azar de nuestro existir.

Amor de abuelo

El verdadero poeta de la vida,
quien sostuvo mi mano en la infancia,
la pubertad y parte de mi juventud,
y así, hoy y en el mañana,
guardaré en los cofres de mi corazón
los tesoros de sus enseñanzas.
Un gran abrazo al cielo, mi querido abuelo,
nos vemos pronto, allí, donde todos llegaremos,
«el paraíso del amor».

Abrazo eterno

Cuando el viento aprenda a volar más fuerte,
lo apresuraré e iré a tu encuentro.
Por ahora sé, que en ti resplandece toda luz
para con mis generaciones.
Tal vez no estás aquí, pero en corazón y alma
transmites cada día la emoción y el sentimiento
que viaja en los paisajes de nuestra imaginación
con la ilusión de un abrazo eterno
en los cielos del verdadero amor.
Te amo, mi viejita, hermosos recuerdos he rescatado hoy,
son lo que el corazón busca todos los días
en lo improviso del vivir.

Caracol y tortuga

El pañuelo que seca tus lágrimas
es lo propio de la intimidad
que fue heredada al momento de tu primer llanto.
Cuando los pétalos de toda flor cantaban tu nacimiento,
cuando el sol volvía y venía entre la noche y el día,
cuando la luna se escondía en su enojo
por la simple razón de conocer la verdadera luz
en sus eclipses charlando con el sol,
y al igual que el caracol compite las carreras de su vida
con la tortuga para ver quién es más veloz,
«cantará día a día el amor fraterno
para con los amores de su vida,
intentando llegar a la cumbre de aquella montaña
con sencillez y paciencia,
y con la única razón de gozar un futuro de armonía
y pasión en los caminos de su vivir».

Paranoia real

«Caminos de fortaleza».
«Recuérdalo», mira por la ventana.
Estoy loco, pero allí estoy. Es cierto.
Las estrellas solo lo saben.

Anhelando calma

Desde niño, crecí con multitudes a mi alrededor,
y mientras en plena infancia me parecían ilusos
los diversos giros que acrecentaba el mundo
en relación con ciertos modos de existencia
de aquellas cercanías, logré en las ocurrencias
de lo paranormal de mi niñez
tener una especie de más afecto,
más bien, siempre afiatado con un amor de un más allá,
que en base a los bullicios que otorgaban
tantas imágenes y pensamientos fuera de lo habitual
por mi mente nunca me han dejado,
ni sereno, ni en paz por las noches.
A menudo, a las 3 a.m., me levanto
y enciendo un cigarrillo,
miro pacientemente una por una las estrellas,
y mientras esas cenizas de aquel cigarrillo
que fue consumido en la pesadez de estar vagando
en lo lúcido de estar despierto y soñando
se inhibe poco a poco la angustia de esos momentos,
y solo así puedo seguir durmiendo plácidamente.
A veces, necesito una copa de alcohol para continuar,
y entre lo que va desapareciendo la luna
voy recuperando al amanecer
la serenidad y la calma que anhela fuertemente mi corazón.

La proeza del vivir

Que el temor no te consuma
en el recorrido y cada etapa de tu vivir.
Vacíalo en una copa, en una copa
donde aquellas desdichas y problemas
que fueron un sustento inverso para tu vida,
se conviertan en un sustento
que logró los sueños e ilusiones
en una forma enfocada en el verdadero amor,
fuera de rencor para con tu existir.
Esa es la receta para los corazones abatidos,
formar paso a paso un mundo distinto,
donde el amor cabalgue en un unicornio de fantasías
e intente doblegar los golpes de la vida,
«que atacan, te golpean y te aplastan»,
pero, en los montes, los chamanes curan heridas,
en los propios pasillos de tu habitación has caído,
en los parques de tus ilusiones penan nuestros errores.
«Pero, ¿quién no podrá levantarse?».
Todos pueden, solo es cuestión de actitud,
y mirar que en los amaneceres más hermosos
existe la tristeza, que con amor siempre
nos hará conquistar un mundo
para con nuestros verdaderos momentos de felicidad.

Los dueños de la verdad

Los borrachos y los niños
son los dueños de la verdad.
Allí, en ese propio reposo de cada emoción,
fluyen los sentimientos de acuerdo con la verdadera actitud,
fuera de maldad y, ahí, se hacen existentes
los valores más cercanos al cielo.
La honestidad, la sinceridad, y la bondad,
en el trance permanente de la infancia y la embriaguez
que van de la mano de un sentimiento
muy vulnerable hacia la mentira.

Manso y paciente por la oscuridad

Otros tardan más, otros menos.
Cuarenta años para dejar de temerle
a lo desconocido de la oscuridad,
a los bosques desolados
donde deambulan los pasos de la muerte,
a los castillos tenebrosos
que mencionaban nuestros antepasados,
a la habitación oscura llena de un horror
que olía a las lápidas del cementerio,
a los bullicios imaginarios en la terrible angustia
del sentir morir, a los fantasmas que penan por la noche.
Los temores que permanecieron
en los sótanos de mi alma
ya han partido al encuentro con sus propios dioses,
ya han acabado la etapa en mi vivir.
Los conquisté con la certeza,
la seguridad y la plenitud
que habitan en lo que es «el verdadero amor».

Viviendo, solo viviendo

Lo que nos mantiene vivos
son solamente las ilusiones y la esperanza,
solo ahí sobrevive todo tipo de fantasías,
y cobran vida los sueños rezagados,
que de algún modo en otro sitio serán cumplidos.

La astucia y el azar

El azar sostiene más poder que la astucia,
la bola ocho en algún momento
me hizo perder un juego que lo tenía por las astas.
Se dio, que, en ese instante,
los peldaños de aquel juego
que intenté subir velozmente,
fueron gobernados por la suerte del azar
que impidió un triunfo que pudo ser perfecto.

Compañías de la existencia

La compañía en los rumbos de la vida
se hace existente con los nuestros por siempre
en la memoria donde no existe el olvido,
o también en la propia soledad.
La verdadera dignidad de la valentía y el coraje,
de saber sobrevivir entre el vaivén de ser
y estar solo contigo mismo
en la intimidad de lo oculto de los enigmas del vivir,
y en la plena inmortalidad de todos tus sentidos e ilusiones,
en el amar y no amar,
en el ser día a día doblegado por tu propio destino.

Vomitando lo material

La hipocresía de valerse en lo material
y dejar de lado lo que es corazón
me hace vomitar algunas veces.
Me encuentro en ciertas ocasiones con el yo de muchos
y me da la sensación de que los tesoros de plata y oro
que tienen aquí quisieran llevárselos a un paraíso.
Pero, inocentemente no saben que allí sobrevive solo el amor,
que no consta de diamantes y perlas
que solo son algo inerte que no cobrará vida en ningún lugar.

El verdadero enemigo

Querido y odiado por siempre.
Poeta sincero y maldito.

«Tenlo siempre presente», el único enemigo en tu existir,
«eres tú mismo». La lucha diaria, los conflictos,
y toda batalla con respecto en lo que está en tu interior,
se basa solamente en lo que es realmente
la verdadera lucha de la vida, «el tú y tú»,
lo que hay más allá son solo marionetas.

Almas y sacrificios de las vivencias

Son penumbras y desdichas
que en ciertos instantes
tuvieron que resplandecer en lo sufrido
y lo dolido de lo que son los sacrificios del vivir.
Una sabiduría y empeño eterno para nuestras generaciones.
Las aguas ahora son hielo,
no es tan solo un poco de agua
que se escapaba de nuestros dedos,
es la propia victoria de haber «vivido».
La recompensa mutua de la honestidad de existir.

Generaciones luchando por la humanidad

Canta y cría, emite conocimientos y sentimientos.
Todo aquello es el fundamento
de cada emoción oculta en lo íntimo
del corazón de tus cachorritos.
Sé como el tigre, que en la bondad y la honestidad
de comer su presa, enseña a sus propios hijos a sobrevivir.
A no pintar las caritas de caricaturas,
sino a en realidad soportar el mundo que se viene.
La propiedad indeseada al holocausto que ha de venir.
Por sobre todo, «enseña a tus retoños a sobrevivir»,
ya que, el universo que se acerca como un huracán
a su paso para con nuestras generaciones será espantoso,
y por lo tanto, desde nuestro sepulcro
no podremos hacer nada para salvar nuestra creación.
«Solo ellos tienen la opción de salvar a nuestro planeta».

Luchando solo por la vida

Ni apruebo ni rechazo.
Solo queremos que no jueguen con nuestros sentimientos.
Una opción de verdad para nuestra patria.
Una igualdad no a costa de bienes comunes.
La política hizo transparente lo subliminal.
Gobernar corazones inocentes y vulnerables
con y contra nuestro propio dolor.
Encontraron la verdadera táctica de jugar con la «humanidad».
Le demoró años esto que ya estaba escrito desde un principio.
Y como un buen chileno que todavía está consciente pero loco,
«Todos somos unos pobres hueones».
Lee esto en cuatro años más
y darás razón a este loco, «un vagabundo de la imaginación».

Preguntando la razón

«Tenemos palabras pero no razón»,
eso es lo que tenemos todos,
palabras y no razón, una pudrición
que busca tener «la razón».
«Algo que está gobernado»,
si quieres despertar, pregúntale a tu alma quién eres tú,
«nunca lo sabrás».
Solo quedarás quieto y soberbio
esperando una respuesta.

Poema reclamando vida

«Y si estoy llorando»,
busca dos pañuelos y seca mis lágrimas.
«No serán bastante».
Ve, y trae a mis seres queridos que ya han partido,
«esa es la única solución».
Un reencuentro que no tendrá olvido,
que, aunque la memoria viaje siglos,
nunca será partícipe de un olvido.

«El destino y su respuesta»

Tenía apenas cinco años.
Abundaba en mi corazón un discernimiento
escaso en muchos, pero nunca único, solo especial.
Era solo una propia reseña de mi corazón
que intentaba reclamarle al destino
lo que son las injusticias de la vida.
Nunca creí internamente en mi alma
los cuentos violentos sobre el karma.
Hay mucha gente buena que sufre,
hay muchos niños inocentes sin alimento,
hay muchas cosas buenas en este mundo que terminan mal.
«Cómo creer en el karma
si la honestidad y la bondad también sufren en su propio destino».
Desde niño solo se me hizo real «el destino».
Un destino que tiene un dueño
y en algún momento ese dueño
nos aclarará toda duda en la eternidad,
«después de nuestra partida, nuestra muerte».

Sosteniendo el poder de la mente

El poder de la mente mantiene y permanece latente
su coraje cada día con más fuerza,
cuando el cuerpo, el corazón y el alma
son sometidos a sus respectivos abismos.
La enfermedad, «cuerpo».
El desamor, «corazón».
El suplicio del enigma de ser o no ser, «alma».

Los conteos de la vida

Ante un conflicto, cuenta hasta diez
primeramente con el corazón,
el conteo de la mente es siniestro
y puede acabar con tu vida solo en un par de segundos.

La lápida de un loco

Y, recientemente, hace un par de segundos
imaginé mi lápida.
«Flores ninguna, solo lágrimas en los corazones
de quienes me amaron intensamente
aunque sea un segundo en su vivir».

Vida en los sueños

Descartando y asimilando profundamente
que no hubiera otra vida después de la muerte.
«No lo olvides», permanecen siempre los «sueños».
Aquello es, en sí, una vida tan relevante
como podría ser, tal vez, «una eternidad».
Allí, en los «sueños», todo ser humano
ha vivido aunque sea por un instante
lo imposible para su corazón.

Niño por siempre

No temas, ni te avergüences de ser niño toda tu vida.
Más, ten vergüenza una vez
cuando se escape tu inocencia.
Mantente niño por siempre y verás
«la verdadera riqueza del amor».

Rincones al azar

En los rincones de la vida habitan los placeres,
rumbos y soles distintos y, de vez en cuando,
reaparecen aromas y sabores desconocidos,
que sin saber ponen y disponen el real precio
a nuestra existencia.
Todo esto, son sonetos donde el corazón
quiera o no quiera juega su propia carta en el azar,
donde aquel joker será una nueva oportunidad de nacer,
y el naipe español, cantando momentos de gloria,
se la juega en la mejor carta de sus bastos.

Cánticos de paz

Y toda clase política canta ríos de agua viva.
Piensan y creen que la verdadera agua viva
es solo alimento para el cuerpo,
pero hacen olvidar en sus patrañas a toda la humanidad,
que la verdadera agua viva vive en el espíritu,
y ese río con las verdaderas aguas es «amor»,
cosa que ningún envenenado por las clases políticas entenderá,
por la única razón de que cada cual
en base a su conveniencia hace girar su mundo en su propio interés.
Si eres sincero busca el «amor»,
y si eres hipócrita solo recibirás el pago
de solamente haber anhelado estar bien solo tú mismo
en el egoísmo de no pensar verdaderamente en tu prójimo.
Que la mierda de la derecha y la izquierda
jamás vuelva a envolver a las ciudadanías
jugando con los sentimientos de los inocentes,
que el destino que se hizo cargo
de los sepulcros de gente inocente
que perdió la vida en este sitio clamando alegría
no sea nunca más dominado.
Solo ha quedado hoy, «un paraíso para los verdaderos locos»,
que somos pocos, pero algún día cambiaremos el mundo
proclamando la verdadera igualdad
que destrona lo material y le vive cantando al «amor»,
la única esperanza de encontrar la paz en la humanidad.

Consonantes del vivir

Descansa el Capitán de los Robledo.
Un hombre sencillo y humilde,
cultivó siempre la honestidad, la bondad y la sinceridad.
Los modos de sus enseñanzas
se basaban en conquistar un mundo soberbio y lleno de maldad
para volverlo siempre a la paz,
una paz que no sobrevive aquí,
pero de alguna manera se puede hacer presente
y poner en jaque la pudrición de una humanidad
arisca a reconocer que la única manera
de cambiar nuestro amado planeta
será siempre el «amor».
Pocos tomaron sus consejos, muchos se dejaron envenenar
y endurecieron sus corazones con la religión,
la política y otras vanidades
que nunca concordaron con sus reales bases
que fueron el amor puro y de corazón.
Te amo, mi viejito, digo todo con base,
fueron más de dos décadas alimentándome de tu gran sabiduría.

Pasos al paraíso

¡Era tan risueño!
Pero la vida arrancó su sonrisa
y mató la alegría que abundaba en su corazón en tan solo un segundo.
Los ruidos de paz que emitía su alma
se convirtieron un 6 de abril,
en una muerte mutua y eterna para sus corazones.
Ella ya se había ido al paraíso de lo desconocido,
«no había vuelta atrás», los ángeles cumplieron su misión de ir a su encuentro,
y mientras, aquella sonrisa se la devolvieron sus nuevas generaciones,
siguió siendo feliz por un largo tiempo en la estadía por aquí.

Copas de sangre

Mi primera copa, siempre va cada día en dirección
a luchar con los abismos, «por eso soy especial, pero no distinto».
Solo vivo ciertas situaciones, que pocos viven,
momentos de horror que me marcan día a día
en los trenes de lo desconocido.

El poder de tus alas

Así, como el vuelo del caracol que no tiene alas,
como la maratón ganada de la tortuga
que avergonzó al tigre, «simplemente así»,
sigue luchando y esforzándote por tus metas.
Los rincones de tu vivir pueden ser dolor,
pero tu alma que resiste como gigante en esta existencia,
te llevará a cumplir todo propósito anhelado para tu vida.

Ahora y mañana

Que el porvenir no estanque tus deseos,
tus deseos viven aquí.
«Ahora estamos vivos», goza del vivir,
y, así tal cual, como todo lo natural
sigue cantando una plenitud futura, tampoco la desperdicies,
aquello se llama «ilusiones».

Marcas ocultas

Tienen vergüenza, solo tienen «vergüenza»,
pero la luz de igual manera
ha llegado a sus almas marcando la inconsciencia de su corazón.

Los pasos de la muerte

Y la lluvia representa la nostalgia y la melancolía
que rebalsa cada día los pasillos de mi corazón.
Solo quiero «fuego», un fuego que apague la lluvia
de lágrimas que inunda mi alma, que no reposa,
solo clama encontrar la paz dentro de esta peste mental
que se enfrenta con coraje y valentía siempre con los abismos.
No soy tan valiente como mi madre,
tengo demasiados cielos aquí.
Aunque rebosen cada día por mi mente
los cánticos de la muerte, esperaré pacientemente mi día.

El club de los hipócritas

Nacemos hipócritas, al pie de la conveniencia.
La única razón de que quien cante lo contrario,
tiene más parte en el infierno que los semejantes sinceros.
Son pocos los sinceros, pero sí los hay.
También estoy a menudo en el juego de la hipocresía, como también tú,
pero no insano volcándome cada día y engañándome a mí mismo.
Somos semejantes siempre unos a otros, sanos e insanos en algún momento.
Perdona mi fragmento, pero así son los colores de la vida.
La sinceridad siempre te hace escapar un poco de la hipocresía.

Nuestra partida

Todos necesitamos calor, amor,
un cariño que venga desde el universo.
Somos unos sujetos llenos de vacíos,
queremos llenarlos de una u otra manera.
Pero el llenar estos pequeños vacíos,
«solo está aquí, ahora», en este momento.
Cada instante, cada sonrisa, cada alegría,
cada nostalgia, cada melancolía
es lo que nos llenará y nos hará llegar
con paz y amor hasta el encuentro
con nuestra tumba y nuestro viaje al infinito.

Los pasos de la creación

Y cuán rudo me creía a los quince,
tan soberbio a los veinte,
llegando a los treinta empecé a reconocerme,
simplifiqué mis valores,
que ni tan rudos ni soberbios nunca seremos grandes,
solo a los cuarenta comprendí,
que la sabiduría de los abuelos
consta solamente en guardar la humildad por siempre,
en cultivar el verdadero amor
que quedará en los grandes cofres de tu historia.

El dolor de los poetas

Húndete en el lodo, que los vicios y excesos consuman tu alma.
Rebosa en tu frío la nostalgia que quema tu corazón
con fuego en los propios rincones de tus abismos.
Sé tu propio infierno, y verás la verdadera paz
que con fuerza y valentía has conquistado.
Solo sé tú mismo cada día,
y darás cuenta que nunca nadie luchó
tus batallas de dolor, angustia y muerte,
que atacaban día y noche todo tu ser.

Mis amigos imaginarios

Relájate, Willy, sé que no eres el mismo de ayer,
pero, en cierto modo, siempre buscarás el bien.
Por laderas tenebrosas, tu caminar siempre ha sido la fe.
No te detengas y dile a Luisa que todo va
cómo recientemente lo planeamos. Dhirty igual lo sabe,
hoy tendremos una reunión a las 02:00 a.m. en nuestros sueños,
si es que todo se torna placentero.
«Amigos míos», Willy, Luisa, Dhirty,
en algún instante la felicidad rebosará
los campos donde ahora habita la angustia.
Algún día seremos realmente felices.
«Tengan fe». Los principios siempre tienen un final feliz.

Lazos de amistad por siempre

Que la política ni la religión no separe los lazos de amistad
tal vez adquiridos en años de convivencia.
Los cordones nos aprietan de acuerdo a nuestro decidir.
El canto de libertad para todos es en diferentes maneras.
Que el ciclo del mundo ponga su avance de acuerdo al destino.
Un destino que está a cargo de un creador.
Y simplemente, aunque nadie sea dueño de la verdad,
tenemos que convivir día a día como seres naturales que somos.
Opiniones y creencias distintas.

Buscando cambios para el alma

Palpé lo tuyo y lo mío, somos similares.
Almas llenas de angustia y caminos de horror.
Somos nuestros propios pasos,
pasos en busca de la paz.
Lo incierto es, que cada uno busca su propia «paz».
Momentos de gracia han gobernado nuestros sentidos,
pero la angustia también tiene su poder,
hace cambiar en ciertos instantes los caminos de tu vida.
Recalco siempre, «el amor»,
pero esto, muchas veces no basta,
queremos algo más, algo que permanezca por siempre en el alma.
Tal vez, esto podría ser la «serenidad».

Carreras y metas

Se ha rebalsado mi copa, se han extenuado mis sentimientos,
de hecho, todo ha cobrado su propio color.
Me traicionó mi propia imaginación,
comencé a equivocarme lentamente de acuerdo a mi camino venidero
que anhelaba conquistar el mundo.
«Solo sé», que me equivoqué,
como aquel gigante que fue derrotado por una hormiga.
Pero, en relación a lo luchado y lo vivido he vuelto a levantarme
y la carrera se acortó, ya estoy más próximo a la meta.
No quiero una copa de oro,
solo quiero un buen vino y un cigarrillo
de esos que fumé cuando era un chiporrito.

Locos en alma y espíritu

Los rastros quedan.
Lo que permanece hoy te acompañará mañana,
y el pasado es un gladiolo más que quiso cantar victoria.
Los pozos de tu vida guardan el ayer y el hoy,
el mañana, tal vez no amanezca en un pozo.
Puede ser que el mañana sea un trofeo o una derrota,
pero, sin embargo, el encaro existe en los seres humanos,
y mientras el laurel cobre vida por las mañanas,
la dicha de estar atento a los pálpitos de tu corazón
se puede llamar como una especie de triunfo.
Quien no respire, ya ha perdido la batalla de sobrevivir.
El tabaco y el alcohol me sostienen cada día,
son la receta que calma mi locura
en los viajes de horror y fantasías de la imaginación.
Willy, Luisa y Dhirty me lo mencionaron ayer a las 02:00 a.m. en los sueños.
La incomodidad de sentirse muerto en vida
puede parar siempre y cuando la cuota de amor
que ampare tu corazón sea la exacta fórmula
que divida lo que es espíritu y alma en la única razón que es «amar».

La brillantez de la plenitud

No está en la plenitud quien toque o bese los diamantes.
La plenitud está en ver cómo el diamante brilla,
y así siempre ser partícipe de la sensación
de la verdadera magia y la totalidad de su brillar.
Tocar y besar son sensaciones mínimas
en comparación con el sentir
los verdaderos golpes de sentimientos y emociones
que habitan en tu corazón.

Generaciones maravillosas

Varias veces lo comentamos.
Nuestra infancia no fue del todo buena,
sin embargo, con el eco que resplandecía
habitualmente en nuestra mente desde niños,
se nos hacía en ocasiones todo muy coherente,
pero, «el destino o la vida siguió su curso».
Ahora no somos tan grandes como quisimos ser.
Nueva York y California se esfumaron con el pasar del tiempo,
pero el betún que por siempre lustró nuestro corazón
en la inocencia de la infancia, hasta el día de hoy
conserva los sueños rezagados, un par de ilusiones
que en algún momento conquistarán nuestra realidad
que quiere simplemente plasmar una gran historia fuera de razones,
solo amando por siempre la verdad.
Simplemente, lo mejor que hemos construido hoy,
son nuestras maravillosas generaciones.

Los pasos de la creación

He plasmado sentimientos, letras guardadas en el corazón,
argumentos de un alma ajena a lo que es lo cotidiano.
Solo fundamento lo que mi mente clama y reza cada día.
El amor prevalece aquí,
y primeramente conservo la base que es el espíritu,
después viene el alma, lo sigue el corazón
y, como tal, la verdadera consecuencia de lo que sobrevive en la mente,
y ya, después que todo esté consolidado viene el cuerpo.
El conjunto de todas estas artes que se llama
«creación», que son la verdadera arquitectura de nuestro amado «Dios».

Forjando el destino

Por la mañana, hoy, saliendo de una noche de insomnio laboral.
Pensé, que lo mágico es parte del destino,
pero, el destino no es parte de lo mágico.
Son dos fuentes distintas, que se contradicen en el universo de la vida,
pero, si en algún momento llegasen a concordar,
podrían ser la perfección para la ruta de nuestro existir.

El «recién» y su poder

Mi mente no está del todo bien,
solamente mi corazón vive aquí día a día por lo que amo,
y muchas veces le pido al destino
que opaque el dolor que agobia mi alma,
pero, el destino me habla por las noches al oído.
Me dice que siga. Me habla del «recién» del pasado,
algo que ya sucedió, pero también me comenta del «recién»
del presente y del futuro, algo que fue hoy
y en un futuro será un pasado, una especie de algo sucedido,
un «recién» que tiene, tuvo y tendrá poder.
Son las únicas opciones que me da la vida para seguir.
«Un recién» que tuvo, tiene y tendrá la facultad
para cambiar vidas en todos sus tiempos.

El número de tu corazón

Tu camiseta la puede usar cualquiera,
pero el número está en tu corazón.
El discernimiento de lo bueno y lo malo
es lo que profesará tu alma en los caminos de tu vida.
Detente un momento y verás, que en realidad
la única verdadera razón que cambiará el mundo
es el amor mutuo de semejante a semejante.
Esa es la fórmula para poner la paz en el universo terrenal.

Lealtad eterna

La lealtad se conserva por siempre en los pasos de tu existir.
La verdadera amistad nunca tendrá muerte,
siempre tendrá un paso al infinito.
Secretos de vida y vivencias
que permanecerán por siempre en los corazones
de los reales compañeros y amigos.
Los caminos del destino unen para siempre lo vivido
en los cruces de las rotondas de la vida.

Las puertas de las ilusiones

Si eres directo en el recorrer de tu existir
no tendrás un mayor problema.
Solo tendrás la verdadera visión de las puertas
que realmente te abre cada día tu creador.
Son millones de formas de forjar tu propio destino
de acuerdo a lo que te puede entregar la vida.
Lo bueno o lo malo de todo esto
solo va en el ímpetu de seguir dando curso a tu vida.
Mil puertas habrán esperando el timbre de tu llegada
en busca de otros rumbos,
solo tenemos que tener la visión de la elección
donde está la puerta exacta para tu porvenir lleno de ilusiones,
que en algún momento serán realidad.

Respuestas en el infinito

¡Y quién piensa!, ¡quién recepciona!, ¡quién entrega!.
«Solamente nosotros». Entrega y recibirás por siempre.
No hablo del karma. Para mí no existe,
hay muchos semejantes que hacen el bien y están sufriendo,
y muchos que se gozan en el mal y están bien posicionados aquí.
Solo hablo de una especie de destino
de acuerdo a nuestro Creador,
que en algún momento nos dará, tal vez,
después de la muerte una respuesta.
Una muerte, que en realidad será una próxima vida
para aclarar toda inquietud
en diversos aspectos de lo que ocurrió aquí
en este sitio llamado universo terrenal.

La carrera va por ti, te amo mi viejita

Ángeles del demonio mencionaban mi fracaso al oído,
mientras los ángeles azules me arrimaban a la victoria.
Un triunfo de corazones,
una conexión entre madre e hijo, algo sumamente espiritual,
«un encuentro», que vale más que miles de diamantes aquí en tierra.
Algo, que será la verdadera unión entre almas de tierra y cielo.

La voz de los locos

Me permito un buen vino, un par de cigarrillos
y disfrutar de los que amo por siempre aquí y en la eternidad.
Todo lo demás lo aborrezco.
Poner cara de felicidad delante de tu patrón,
trabajar por un papel,
mientras el mundo podría perfectamente vivir de la naturaleza.
Me da asco la desigualdad, la clase política
que anuncia cambios jugando con los sentimientos de cada corazón.
Me mantengo al margen de todo, no por cobardía,
sino, por la sencilla razón que lo distinto
podrá ser el verdadero cambio para la sociedad.
El cambio en una visión distinta,
que será, «cuando escuchen en realidad la voz mágica de los locos que habitamos por estos sitios».

El viaje de las palabras del corazón

Conserva cada palabra. Es un alimento para la inconsciencia.
Muchos se mofan en la conciencia,
pero la inconsciencia sin el saber de muchos
absorbe todo lo que transparenta este corazón.
La lujuria que sobrevive en este vagabundo de la imaginación
algunas veces remueve tus sentidos.
Es normal y no normal. Es el conjunto de lo que sobrevive
en el alma y el corazón.
Una discordia en los pasares de toda imaginación,
solo eso, un viaje ficticio a la eternidad
que puede en cierto modo ser la verdadera realidad.

La flor del amor

Simplemente, el real amor es una flor.
Despierta al amanecer con la luz del sol queriendo amar por siempre,
pero llegando la noche, duerme plácidamente
soñando lo que fue y lo que pudo ser.

Tiempos de valentía

La muerte está al acecho en cualquier instante.
Disfruta todo lo que ama tu corazón,
el mañana tal vez no alcance a llegar.
Solo pon la mira en tus propósitos hoy,
y aunque existe la posibilidad
que todo quede inconcluso,
serás por siempre el valiente
que quiso cambiar su propio mundo con esfuerzo y coraje.

Confianza

La base de la buena relación no es nada más que «la confianza», aquello solo se rompe cuando se ensucia el corazón.

La maravilla del universo

¡Te apasiona el «universo»! ¡Contémplalo! Está en muchos sitios.
¡Sobrevive en tu corazón! Aparece cada día y cada noche.
Las estrellas apasionan,
así como el cielo azul que visualizan tus ojos y tu corazón
al abrir la ventana por las mañanas.
El universo sobrevive dentro de tu alma,
y como también es el reflejo que otorga la naturaleza a tus cinco sentidos.
«El universo es un regalo que nos dio nuestro Creador
para tener la convicción, que sea lo que sea que agobie tu corazón
hay que seguir sobreviviendo en la verdadera cumbre que es el «amor».
Si no hay amor, el universo siempre perderá su color.
Solo admite, que las tormentas en todos los ámbitos de vida
son parte del universo.
Pero, quien goce del «estar», está gozando del
«universo», que será por siempre lo más maravilloso de nuestro existir.

Lo invisible a nuestra percepción

Lo invisible a tu corazón son las verdaderas respuestas para tu alma.
Lo visible, es más que nada, lo que otorga lo normal.
La verdadera realidad, aunque sea una especie de transparencia ilógica
de lo que habita en tu alma,
es la real conexión entre el mundo y lo desconocido.
«Nosotros mismos», que, en lo mágico de los enigmas de nuestro interior,
nunca entenderemos la verdadera relación entre tierra y paraíso,
entre cielo e infierno, entre alma y corazón.

El paso para ser libres

Corrijámonos a nosotros mismos cada día y seremos grandes.
Eso es lo que será la llegada al paraíso,
reconocer nuestros errores,
eso, a la vez nos permite poner calmo nuestro corazón.

Caminando en la poesía

Las resacas son mi amenaza
Las flores son mis resplandores
Lo oculto me vuelve culto
Lo mágico, es sinceridad en mi púlpito
El arrayán al amanecer es mi amar
Los frutos de mi corazón los disfruto
El trompo de la vida es mi rumbo
El ocaso conquista mi por si acaso
El corazón me ama como varón
Las estrellas para mí son bellas
La magia conquista mi nostalgia
La melancolía sufrió aquí mi estadía
Los montes son parte de mis horizontes
El amar siempre será mi amado mar
Los rincones de amor son mis ojos marrones
Solo amo y sé, en mi corazón cuánto amo.

Cantando melodías

Sobrevivo muerto, pero solo vivo
Las rosas son hermosas y maravillosas
El calor son los vagones del amor
Cada sitio vivido es removido
Por el cariño que te dijo «te animo».
La muerte se cobija en tu suerte
Y el bosque protege tu muerte
El corazón multiplica tu razón
El alma predica que ama
Y el cariño ciñe lo que siente
La lujuria permite la armonía
Que vivirá y nunca morirá
La paz es dueña de tu faz, y
El momento es un sacramento
Que vive, muere y nace en nuestro convento.

Pasos de la existencia

El marrón suele ser carbón
Se amarra en tu corazón
Los ríos de la esperanza
Contemplan tu templanza
El color de tu ira es rima
Que permanece en tu vida
Pero, los horizontes huelen
A montes y son tus dóndes
El primero es el campeón
Y el triunfo tu propio patrón
La intriga te fatiga, pero
El acordeón gobierna tu vida
Solo sigue lo que sigue y
Los pasos serán tu ocaso
Mantente latente y verás
El poder de tu mente, y
Conserva lo blanco de tu alma
Que todo seguirá en calma.

Mi propia canción

El candelabro de mi vida es una ilusión
permanente llena de fantasías lúcidas,
o tal vez, una melodía de una música llena de locura
que me hará soñar por siempre en amor, libertad
y una rebeldía de pasión que llegará a la eternidad.

Los valles del pensamiento

Los pensamientos son una cárcel de melancolía,
una habitación donde habita y descansa la nostalgia,
recuerdos removidos por instantes de felicidad
y, los auténticos abrazos del silencio.

Temblando

Tiemblo, «necesitaba un trago», nadie lo entiende.
Willy ha venido a verme, Luisa me llevó a la botica.
No se puede hacer nada.
Los ángeles te protegen siempre de lo que te pueda suceder,
pero no pueden gobernar tus decisiones.
«Dhirty vendrá por la noche».
En poner en paz y calma tu sueño también tienen poder.

Poema al cielo para una madre

La memoria de la nostalgia
Es un abrazo a nuestra infancia
Un silbido hermoso del colibrí
Que se acercó como te lo prometí
Promesas y juramentos sinceros
Que reflejan el corazón y el te quiero
Y mientras las murallas de tu alma
Podrás cruzarlas tú mismo en la calma
Mirando la luz nocturna de la estrella
Que será por siempre tu madre bella
Que te amó en un parto con dolor
Y tú siempre fuiste lo mejor de su amor
Que te sostuvo con garra y coraje
Porque ella nunca dejó su traje
Que usó en el rumbo de su viaje
Al ilusionado paraíso del verdadero amor.

El tiempo, verdugo y sacristán

Hay que aceptarlo, el tiempo es el verdugo y sacristán de la vida
terrenal.
El tiempo en ocasiones corre con paciencia,
allí se debe absorber y recolectar cada momento.
El tiempo a veces nos apura,
nos desespera en la pasión acelerada del corazón
de querer cumplir nuestras ilusiones.
El tiempo te da la oportunidad de cumplir tus metas.
El tiempo te da vida y te mata,
te traiciona y provoca tu agonía.
El tiempo es hermano del destino,
ambos son los cómplices de tu partida hacia otro universo.
Él es un principio y un fin aquí,
pero un comenzar en otra vida.
El tiempo cuando nació anhelaba trotar
y entregarte con calma tus ilusiones.
El tiempo no jode tu vida,
sino te da la sabiduría en el correr por los senderos de tu vida.
El tiempo te da la oportunidad de las disculpas
con vuestros semejantes antes de vuestra partida.
El tiempo otorga la felicidad de la infancia
en las maravillas de tu inocencia.
El tiempo es tiempo, es verdugo y también es sacristán.

El túnel de los locos

¡No lo entienden ni lo comprenden!.
«Estoy loco», me refugio en el silencio,
que es el espejo de mi alma.
Ya nadie me atrapará,
la imaginación tiró los dados
y me alejó de la realidad.
Solo quiero cruzar el túnel
y encontrar la paz que siempre anheló mi corazón.

La esperanza, vida de los sueños

La esperanza recoge los anhelos
que habitan en tu corazón,
los sube al tren de tu imaginación y tus sentimientos,
y en sí, mantiene vivos los sueños
en el periodo de toda nuestra existencia.

El poder y la magia de los locos

Tu mirada refleja las emociones
que solo los locos podemos sentir.
Aquello es el aura que representa tu corazón.
La paz o la agonía de cada paso de tu existir.

El oído en la fantasía

Los sueños no los regalan,
nacen contigo en el primer pálpito de tu corazón,
de allí, se convierten en ilusiones
que en algún momento serán el progreso
en las etapas del vivir.
Los cuentos de hadas siempre han hablado aquello,
pero el oído es sordo para el alma
y no escucha lo que sobrevive en las fantasías.

Charlando con mis ángeles

Son solo momentos de emoción, Willy me lo dijo.
Luisa me recalcó algunos poemas con odio que he escrito,
me dio a conocer que tenía que sanarme.
Dhirty me felicitó por los fragmentos llenos de sabiduría,
algunos fragmentos que motivan
y pueden sacar a más de algún semejante de su pozo de angustia.
Nos reuniremos más tarde, veremos qué haremos.
Tal vez, tengan la solución o la escapatoria
a lo que tengo oculto y encerrado en aquel pantano
que se formó en mi habitación llena de nostalgia,
melancolía, y también muchos recuerdos llenos de felicidad.

Reaccionando al tiempo

Tenemos mucho tiempo por vivir,
y puede faltar poco tiempo para morir.
Son las únicas dos opciones en nuestro existir.
Aprovecha el tiempo de tu vida
y espera pacientemente la llegada de la muerte.
El después del fin en este sitio
algún día tendrá alguna explicación.

«Siente y verás»

No es preciso saber ni entender,
es preciso «sentir»,
solo así sabrás y entenderás
lo que habita en el mundo inentendible de la vida.

La crianza de mi madre

Mi madre no me crió traicionero como un cuervo,
ni tan puro como un ángel.
Ella me crió como un tigre,
un felino que velará siempre ante todo
por su hembra y sus cachorros.
Mi madre otorgó a mi corazón
el agradecer la verdadera lealtad
de quienes te acompañarán en la lluvia y la tempestad.

El amor de Dios

«Recuérdalo», Dios no va con algunos,
Dios va contigo, con todos y conmigo.

La sinceridad, un amor para Dios

Hay un solo Dios para toda ideología,
un Dios que acompaña a vuestros semejantes, a ti y a mí.
Un «Dios», que te toma, tomó y te tomará la mano
siempre en la angustia y en todo momento de felicidad.
Las religiones envenenaron al mundo
haciéndonos creer que su Dios es único
y solo ellos tienen la entrada por la puerta de la salvación.
Jesucristo es uno solo,
y si permanece en tu vida,
declarado con tu boca y tu corazón como salvador,
tenemos la entrada al paraíso.
La religión no permite usar un pantalón a una mujer,
no permite escuchar una buena música,
no permite gozar de un trago,
siendo que también en verdad la embriaguez es mala
cuando te lleva a la violencia y pierdes la cordura.
Conozco a gente que predica y se pega en la cabeza en los templos,
y tienen un corazón malvado escondido en la hipocresía.
Dios ama la sinceridad, pero aborrece la hipocresía.
Dios quiere que seas tu propio tú,
pero fuera de maldad y malos sentimientos.
«Dios solo quiere que ames de verdad como él nos ama a nosotros».

La humildad de ser siempre «tú»

La humildad no es arrastrarte,
la humildad es conservar tus valores
en la prioridad del amor.
Humildad es conservar la esencia
de los zapatos de tu infancia,
humildad es simplemente ser siempre «tú».
Un «tú», que siempre marcará la diferencia ante cada adversidad,
y por sobre todo, será la misma persona
en la pobreza y la riqueza.

Los silbidos del corazón

La esperanza te acompañará por siempre
en los momentos de angustia y soledad.
La fe es pariente de la esperanza,
son el complemento que da la evolución
a tu corazón y tu alma para sobrevivir.
Sin esperanza y fe el ser humano sería algo inerte.
Pero, el ser humano vive en base a sentimientos y emociones.
Somos el real pálpito de la creación.
Un pálpito ajeno a lo que puede ser inmortal.
Pero, somos unos silbidos extraños que tienen corazón,
y solo así sabemos que estamos vivos, tan vivos,
que formamos parte de la real evolución de la humanidad,
que en sí, en algún modo pudiese tomar la forma de lo inmortal.

Un mundo distinto

Debiera importarte poco y nada
lo que piense el mundo sobre ti.
Sé solo tú y,
permanecerás por siempre bajo la protección de Dios,
Dios ama la propiedad de la sinceridad, la bondad y la honestidad.
El amor siempre va primero,
solo así, vendrán los verdaderos cambios a la humanidad.

Las resacas, el vivir del recuerdo

En las resacas sobrevive lo importante,
allí se conservan los pasos de tu vida.
Los pasos, que entre alcohol y tabaco
han revivido los sentimientos y las emociones
que han marcado tu propia historia.

La inocencia, el verdadero paraíso

Feliz día para todos los niños de aquí,
y de toda nuestra humanidad,
Dios los bendiga por siempre,
son la luz que ilumina nuestro verdadero despertar,
su inocencia nos hace sentir
que el verdadero amor que cambiará al mundo existe.
La inocencia que nos hace sentir cada día
que somos realmente vulnerables al amor puro de una infancia
que ocupa lo más maravilloso en nuestros recuerdos
que permanecerán por siempre en los cofres de nuestro corazón.
Dios nos ha dado la dicha de ser niños en algún momento,
y si por siempre mantenemos un corazón de niño,
gozaremos de una paz inmensa en nuestro vivir.

El vuelo, la real pala de tus ilusiones

¡Willy me lo dijo!
Pregúntale a un pájaro y dile
cuál es el ala que gobierna su vuelo,
la derecha o la izquierda.
Luisa tenía otra duda,
me dijo que le preguntara al pájaro
el valor que sostenían sus plumas.
Y al final, Dhirty me comentó,
dile al pájaro lo que te hemos dicho,
y pregúntale lo que en realidad se siente volar.
Le pregunté al pájaro sobre sus alas y sus plumas
y también su vuelo.
Me respondió aquel pájaro con una enorme sabiduría.
Mis alas son mi espíritu, mis plumas mi corazón,
y mi alma es la que volará por mis ilusiones
como tú lo haces cada día en tus sueños y tus pensamientos.
El pájaro me dio una verdadera lección.
«Sal y vuela por siempre en busca de tus sueños e ilusiones,
esto por siempre será el motivo y la pasión de tu existir,
solo ten fe y esperanza, que en algún momento
aquel vuelo será la pala de un pájaro
que quiso conquistar su corazón
y será la realidad de su vuelo en su vivir».

Los enigmas de un loco

Mi rostro se mira en ciertos momentos al espejo,
«anhela cruzar aquel túnel de lo incierto, pero cierto»,
despejar todo misterio, al igual que el enigma de tu propia sombra
que te acompaña de día y se aleja junto al reloj
cuando llega la noche y desaparece saludándote
en lo real y arcano de la sombra
que reaparece junto al sol al amanecer.
Solo sé que estoy loco,
pero quiero resolver los enigmas de todo lo ilógico
antes de que me cobre la renta el cielo o el infierno
aquí en mi vida terrenal.

La senda de la libertad

¿Quién no ha sido conquistado?
Por el amor, por la desdicha, por la inocencia de un niño,
por las sendas del bien y la maldad.
Solo ten presente que el fin podría ser a la vuelta de la esquina,
o en cualquier lugar.
Solo el destino quiere que pongas las ganas de vivir,
y de acuerdo a ello el tímpano de tu corazón,
tu alma y tu cuerpo escucharán la voz de la verdadera libertad.

Fe y esperanza

Que el ayer no te complique, que el hoy no te detenga,
solo con fe y esperanza se consiguen los milagros,
mantén por siempre tus hombros al calor y el amor de nuestro Dios.
Dios irá con todos, contigo y conmigo por siempre.
La fortaleza y la valentía en nuestro vivir
nos la entrega un ser divino que nos guía con su luz.
Ten fe y esperanza y el cielo volverá a su color.
Tan azul, que la paz conquistará tus temores
ante toda adversidad.
Solo ten fe y esperanza que todo saldrá bien.
Sé fuerte y valiente delante de todo,
alguien desde otro sitio nos acompaña en la angustia y la soledad del agobio.
Dios siempre tendrá un milagro para nuestra vida.
Willy siempre lo dice, Luisa también me lo repite
mientras Dhirty me confirma
que en la fe y la esperanza sobrevive lo sobrenatural de los milagros.

El amor de los mineros

Todo oficio requiere sacrificio,
pero hoy se conmemora un día especial para la minería.
Un saludo enorme para con todos
quienes sobreviven con fortaleza
lo que en cualquier momento puede ser un paso a la muerte.
Riesgos que se acrecentan cada día
con la única razón naciente de nuestro corazón.
Trabajar día a día por el cumplimiento
de los sueños e ilusiones de lo que más amamos en este mundo,
«nuestra familia».
Que Dios y los ángeles nos acompañen por siempre
en la ida y regreso a nuestro hogar.
El sacrificio no tiene precio aquí en tierra,
pero los momentos y cada instante vivido
entre desierto y cordillera
son el real empeño de un minero
que anhela por siempre el bienestar
para quienes son el amor de su vida,
«su propia familia».
Bendiciones y un gran enorme abrazo a toda la garra y coraje de la minería.

El gato y el perro, la muestra del verdadero amor

Sobrevivimos entre gatos y perros.
Ellos representan algo relativamente y sumamente especial en nuestra vida.
Ninguno de ellos traiciona,
solo se dejan llevar por esencia,
una esencia que vale mil veces más
que el comportamiento inestable del ser humano.
Ellos llegan a vivir a nuestro hogar
con la intención y los reales valores
que en algún momento desplomarán nuestros sentidos
hacia una vía donde se impregnará el real amor
y al fin gozaremos de la verdadera libertad.
Una libertad donde volverá el inicio.
El inicio que fue un compromiso de amor
en la inocencia de nuestro primer llanto al nacer.

Consejos de otros mundos

Willy no quiere que duerma.
Me dice que puedo dar más.
Luisa conversó con Willy y le dijo que tengo que descansar.
Despertaron a Dhirty para ver qué sucede en esta ocasión.
Dhirty dijo que tenía que descansar un momento al igual que todos
y conciliar mi sueño para un mañana.
Un mañana que vendrá ya con ilusiones vueltas realidad.

La riqueza del pensar

No entenderé nada, «solo pienso».
Y en el pensar habita lo que está oculto
y escondido en vuestro pantano de felicidad o de angustia.
Los enigmas que son vuestra razón,
una razón que anhela conectarse
con vuestro corazón y vuestra alma
que quiere conseguir la verdadera libertad.

El túnel de la calma

Tengo claro aquello,
la salud no es la misma de nuestros 20 años.
Mi mente a ratos colapsa
y duele mucho más que mi cuerpo.
Se acelera el corazón y pasas a ser un mendigo
para con tu propia alma,
mientras tus pensamientos están cortocircuitados.
Día a día, noche y noche
intento escapar de aquellos demonios que me quieren atrapar.
En ciertos instantes se cruzan en las esquinas,
reaparecen en las noches que clamo calma al universo.
Son poderosos, son malditos,
pero solo sé que son tres los que están a mi lado
cuidando lo que me podría ser fatal.
Willy, Luisa y Dhirty han protegido antes
a varios semejantes que padecen estos agobios.
Ellos son muy buenos,
solo intentan que permanezca aquí un poco más de tiempo,
más calmo y sereno.
Solo me protegen para, tal vez, vivir con un poco de paz
en mi corazón y mi alma.
Nadie lo entiende, «solo ellos»,
que han cuidado a muchos en este sitio
en relación a paranoias similares
donde las almas necesitan cruzar el túnel y encontrar la calma.

La dirección del corazón

Sostengo argumentos vagos para algunos,
pero tan sinceros que matarán mi alma en cualquier instante.
Me desplomo y desmorono en silencio,
en lo oculto de mis mundos,
de aquella lucha que está escrita y no existe la victoria.
Solo permanece un sol oscuro y nubes
que derraman sangre hacia mi alma.
Tengo mucho aquí, y solo por aquello
seguiré el rumbo para con lo que más amo en este sitio.
«Es difícil sostener los golpes de lo que agobia tu corazón».
Una angustia que proviene de otros mundos.

Lógica del vivir

Sírveme tú un buen vino
y en el camino me animo.
Yo quiero un rostro rosa
de vida de humilde rosa.
Te prometo un mundo
que es demasiado culto.
Tan culto en lo oculto
que mi abrazo es un bulto.
Un bulto de un corazón
que a veces tiene razón
en la penuria de mi alma
que sostiene una calma
de serenidad tan vacía
que amaba cuando nacía
y quería gobernar en amor
su corazón en el clamor
de ser libre para siempre
como fuimos en el vientre.
Uno más dos siempre son tres
en el corazón realmente cada vez.

La ilusión del cantor

Hay una especie de ranura
que forma parte de la locura.
Momentos de por sí tensos
que más bien son muy densos.
Libertad de tu propio campo,
valles verdes en lo manso,
esperanza y vida del ocaso,
caminando su propio trazo.
Pon toda tu vida en alegría
en los senderos de la vía,
la vía que es el cierto nombre
y el apellido de nuestra cumbre.
Montañas en amor e ilusión
que forman nuestra emoción
y así siempre canta el cantor
por las murallas de su ilusión.

Cruzando la memoria

El caminar de un ave
es por siempre la clave.
El ave no camina, vuela
y es esa su escuela.
Enseñanza que no tranza
y en el camino avanza.
Montes duros de dolor
son siempre su amor.
Y desdichas ya dichas
conquistan sus fichas
a la suerte del dolor
emparejado en su color
que por siempre es el amor
que vive, sostiene y respira
en lo que es la maldita ira.
Pero el humano es contento
mientras sobrevive atento
a lo que su magia conquista
dominando aquella rabia
que son senderos de norte
en nubes de lluvia del porte
que amarán siempre el sol
de los jardines del girasol.
Amo y cuento esta historia
con amor a nuestra memoria.

El pálpito de cada ilusión

Si se vuelcan tus ilusiones,
ten presente que existen los sueños.
Y en todo sueño sobreviven millones de ilusiones
que harán realidad las fantasías
que permanecen en tu soñar.
No te detengas y construye tu paraíso.
Un paraíso de magia y aventuras
que sostendrán cada pálpito de tu corazón.

Las doce magias

En mes de enero
solo me esmero.
Al sol de febrero
sé que te quiero.
Mi amor de marzo
camina descalzo.
Maravilloso abril
se me hace gentil.
Y con fe lo hallo
empezando mayo.
Sin el infortunio
del amor de junio.
Y llegando julio,
mi amigo Obdulio
dice que en agosto
todo es tan angosto.
Pero en septiembre
recordaré siempre
el sol de un octubre
y la flor que se cubre
en ojos de noviembre
en espera que siembre
nuestro mes diciembre.
Un amor para siempre.

Sueños y cielos

Escribo mejor de noche.
Me imagino en mi coche,
un Daihatsu de cartón,
hermoso y color marrón.
Es un sueño de infancia,
lo soñé en mi lactancia.
Ahora me miro al espejo
y solo quiero un consejo
desde mi viejito abuelito
que ya no está tan solito.
Viajó rumbo a un cielo,
allí emprendió su vuelo
a vivir con su generación
lo que añoró con pasión.
Y cuando el sol naciente,
que yo sé que no miente,
abrirá la puerta bendita
para hacerle una visita
y así la familia todita
estar para siempre juntita.

Dios va contigo, con todos y conmigo

Tengo una maravillosa pluma
que escribe bajo la luz de la luna.
Y las estrellas brillan y cantan
mientras los bebes amamantan
y sueñan por salir al mundo
en busca de su propio rumbo,
sosteniendo coraje y valentía
como siempre quería su tía.
Que entre sus valles y campo
nunca cayeran en un llanto,
poniendo siempre el encanto
y así siempre, mientras tanto,
recoger ilusiones y esperanza
en la alegría de su linda danza.
Por eso te digo gran amigo mío,
que Dios siempre irá contigo,
con todos y también conmigo.

La tristeza de un loco

En la mirada triste no existe amor ni odio.
Solo allí abundan las ilusiones de querer conquistar
los momentos de la existencia
con y para una igualdad
que sea gobernada por la verdadera felicidad
de un mundo mejor para nuestras generaciones.

La compañía de un loco

Sobrevivo en lo sobrenatural,
le saco provecho a mis miedos
que me encerraron quinientos días
en una habitación llena de locura,
alucinaciones, fantasmas y demonios.
Ahora los aplasto, los tengo en mi memoria
como aquel recuerdo que marcó con fuego mi alma,
pero en los ríos de sangre de coraje
que corren por mis venas,
cada día se acercan gigantes y patrones del infierno
que intentan gobernar mi sentir.
Los recibo con una cerveza y un cigarrillo
a la luz de la luna.
Les menciono el poder de las estrellas
y, sobre todo, quién las creó,
mi Dios eterno.
Alguien que me protege en lo sobrenatural.
Y así, aquellos gigantes y patrones del infierno
emprenden su retirada a quemarse en su propio fuego.
Solo sé, que aquí,
en cierto modo también existe un fuego
que nos quema como planeta.
Aquello es el odio que consume nuestra humanidad.

Conquistando el mundo

La cordura y los cuentos
se alejan de la percepción.
Todo es ilusión y fantasía macabra.
Un gobierno de lo normal
que decide las vueltas en los pasos del vivir.
Creo que vivir en la locura
será el principio de un nuevo mundo.
Un mundo con otro rumbo,
fuera de la ambición y la codicia
de los poderes que incesantemente
nos quieren destruir como mundo.
La paz es símbolo de locura, así lo entiendo.
Lo normal está destruyendo la humanidad.

Te amo, mi viejita. Gracias por todo

Aunque duela entre sangres.
Este don viene del óvulo de mi madre,
de su sangre, ella fue la que me amó
por sobre toda razón.
Emociones y sentimientos
que sofocaron y quedaron guardadas
en su corazón antes de su muerte.
Todo esto descendiente de mi madre,
quien en su silencio algún día
quiso reflejar a todo el mundo
los sentimientos que escondía y guardaba
su corazón en los cofres de los sufrimientos de su alma.
Te amo, mi hermosa madre.
Me lo dijo Willy, Luisa lo ratificó,
y Dhirty me lo comprueba.
Todo esto es lo que quiso decir
mi amada madre en su angustia y soledad
mientras emprendía su viaje al universo.

El perro, lealtad y amistad

Eres el mejor, la verdadera lealtad.
Te miro y siento tu roncar.
El pesar de tus años merece mi gratitud
conforme a todo lo que me has entregado.
Sigue viviendo, mi viejo amigo,
mi leal compañero en mis noches de locura y angustia.
Te quiero, mi gran amigo,
pero sé que tú me amas,
eres lo más leal que ha encontrado
mi corazón en mi vivir,
al igual que todos los de tu especie
que han formado parte de mi hogar.
Ya con tus años te veo vulnerable,
pero tu protección que me has dado
desde tu nacer hasta ahora,
será por siempre la realidad de la leyenda
de que un perro será por siempre
nuestro mejor amigo y compañero.

Fortaleza y canción de la vida

Voy cantando, voy amando,
voy en silencio comentando
la vida, sueños e ilusiones
que oyen lindas canciones
guardadas en mi corazón
donde gobierna el amor.
Y Sabina en su linda poesía
con el corazón todo hacía
en burdeles y por moteles,
amó y nunca salió en las teles.
Y, mi amigo Facundo Cabral,
maravillas hizo en el arrayán.
Pienso en el loco Bukowski,
pariente de Geraldina Barsowski,
quien lucha vestida de su traje
por siempre con gran coraje,
y en su maravillosa valentía
siempre se guió por lo que sentía.
Somos alma, corazón y amor,
como dice aquella canción
que en el baile de la vida,
en la fortaleza será vivida.

Conquistas de un paraíso

En un enorme llanto,
murió su canto.
La sinceridad cantó
y al hombre mató.
Cuchillas sin descanso
lo mataron descalzo.
En sufrir y tanto morir,
él quiso siempre vivir.
Era loco y fantasioso,
en su propio gozo.
Conquistaba princesas
en su eterna rareza.
Era demasiado miedoso,
pero, en sí, tan ansioso.
Sonreía con tristeza,
encima de una mesa.
Humilde fue su esperanza
que conquistó su danza,
y para siempre vivió
en el paraíso con el
amor que lo crió.

Sana tu mente, siempre hay un paraíso

Solo sé, que con mi filosofía y pensamiento
evitaré, tal vez, un suicidio.
Me consumo entre la nostalgia y la melancolía,
algo que desahoga el alma y el corazón.
Abre cientos de puertas en la vida.
El llorar y sentirse vulnerable
provoca sensaciones de paz,
puede en cierto modo relajar tu ser
y evitar los golpes de los pensamientos del suicidio.
Solo te digo:
pon con coraje y fortaleza en tu mente,
aquella valentía será nuevas
y maravillosas ventanas para tu vida.
Sí, aquí, un humilde peón superó lo psíquico.
Tú también podrás.
Solo permanece por siempre en la fe y la esperanza,
de que la mente siempre será parte de tu ser.
Y si la dominas, serás por siempre único
y bastante especial en esta humanidad.
Lucha, ama y quiere.
Todo esto es la base para liberar toda angustia
y todo demonio o fantasma
que quiera dominar tu sentir.
Los bosques son oscuros,
pero el amanecer es puro,
y te abrirá grandes puertas para tu futuro.

La sonrisa de tu látigo

Sonreír un poco, es la victoria y la conquista
por sobre los dolores y los sufrimientos
que quieren atrapar tu alma.
Sonríe por siempre,
y el látigo que te azotó en los malos momentos de tu vida,
volverá a ti con su sonrisa.
Una sonrisa tenue y calma de saber qué,
el poder del corazón está por siempre
fuera de toda razón.

Paraísos azules y verdes

La hermosa y bendita razón
es una gran pasión,
gobierno de sensación
que amarra nuestra emoción
en la humilde esperanza
de toda nuestra crianza.
Donde existe un gran vino,
y en emociones lo combino
para soñar y así fantasear,
y con un cigarrillo pensar
en los bosques y los montes
que son dueños de tus dóndes,
y las maravillas de tu semilla
que descansan en una silla
llena de sueños e ilusiones
que van por montones,
corriendo y a la vez gritando,
conquistando su encanto
en la primera y rica fantasía
de un paraíso que nacía
en lo verde y azulado,
en la lealtad que vive a su lado.
Te bendigo con la vertiente
del agua que bebió un valiente,
que sufrió y nunca murió.
Aquellos fuimos tú y yo.

Amando y cantando

Los pasos de la existencia
son la total resistencia
de quien ama vivir
y no querer nunca morir.
Esto prueba de la paciencia
que escapa a toda ciencia,
fragmentos de locura
que desean la cordura
en los pantanos de la habitación
donde canto siempre mi canción
llena de amor y un te quiero,
y tú sabes que por ti muero
en un viaje en la nostalgia
de recuerdos de fragancia,
de un humilde y gran amor,
como dijo aquel cantor
en su canción de esperanza,
y así todo el mundo avanza
en el querer y siempre poder
con la alegría del amanecer.

La protección de un loco

Se paseaban por la muralla,
eran hermosos, querían mi amistad.
Cuidarme y protegerme en lo mucho o poco
que quede de vida.
Solo se enfocaban en poner en ejercicio lo que es,
matar aquella angustia y cada dolor.
Me acompañan y me brindan una protección grandiosa,
tal vez, creada por mi propia imaginación.
«Son sobrenaturales, te entregan y forman una especie de paz».
«Pueden con todo», representan la verdadera lealtad de los ángeles.
Protegen y cuidan de mi familia y de mí.
Son los que me acompañarán hasta el día de mi muerte.
No los veo así tal cual,
pero siento aquella protección
que solventa cada dolor
y me acompaña en mis sueños e ilusiones.
Son Willy, Luisa y Dhirty. Solo ellos.
La protección sobrenatural que cuidará por siempre a los míos y a mí.
Nunca nadie de los míos será avergonzado.
Existe algo divino y celestial aquí.
«Una protección sobrenatural».

Las campanas de tu existir

Quién se levante a la primera campana será un héroe,
quien salte en la segunda campana será un triunfador,
pero, quien oiga la tercera campana y medite su sonido
y, en su sabiduría, apague su sonido,
cantará la real y verdadera victoria en su vivir.

Los balones de la noche

Se acrecentó la noche,
sueño en mi coche.
Me despido en la locura
que clama y solo perdura.
Soy un corazón grande
que anda en todas partes.
Miro el cielo y las estrellas
y sueño con mi madre bella.
Me despido en la canción
que va con mucho amor
en fantasía e ilusiones
que son mis posiciones.
Y aquí, mientras tanto,
guardo mi llanto
en un corazón sincero
que ama lo que esmero
en lo valiente y lo constante.
La vida me entregará mi parte
de lo sufrido y lo dolido
para volver a mi nido.
Amo al mundo y a cada ser
que me vio nacer.
Me despido con amor
hasta un nuevo amanecer.

Conquistando mi propio universo

Parecía estar vuelto loco.
Por momentos sabía que era así,
no me comprendía a mí mismo.
Recordaba los burdeles, las cantinas
y todo ese ambiente en cierto grado
un poco tan lejos y cercano a mis principios.
Fue todo en juventud, cada ciudad recorrida,
cada pantano que reflejaba lo que quería transparentar mi alma.
De acuerdo a lo constante e inconstante de los rumbos de mi vivir,
poco a poco, con mucha calma y serenidad,
logré conquistar mi propio mundo y así,
llegar a una cordura no tan tenue,
pero de algún modo todo en sí,
toda vivencia e instante de existencia
resplandecerá marcando una gran historia
entre lo cuerdo y loco de un gran varón
que solo quiere conquistar su propio mundo y gran universo.

La pasión de los momentos

«Te robé el corazón», con mi hermosa canción,
pero en tus pensamientos y en tu soñar,
seré por siempre yo tu fantasía.
Pero, «recuérdalo», aquí está la dueña de mi corazón.
Me perdiste, porque no entendiste el amor puro,
que en su mansa danza cantaba nuestra esperanza.

Pasos de fuego

Sostengo inseguridad,
pero no me mezclo con quien me la transparenta en su odio.
Solo mantengo la certeza,
que el vivir otorga sabiduría,
y así, el tiempo y el destino en tu propia valentía
te hacen ser un sujeto seguro.
Tan seguro, que no compra cuentos,
solo con el paso de los años
he aprendido a leer los corazones.
Ahora puedo saber lo que habita
en el silencio de vuestras almas.
El amor, el odio y el cariño
que permanece en el fuego de tu corazón.

Cabalgando en los sueños

Lo que tengo que hacer transparente,
todo lo que mi corazón siente.
Lo voy haciendo presente
en mi filosofía y mi poesía.
Los rasgos de mi pasión,
solo la esencia que cobró vida hace dos años,
un don tan extraño,
que cientos de líneas se plasman en solo segundos.
«Algo sobrenatural», una comunicación con otro universo.
No te miento, solo siento,
y en la esperanza y la fe de conquistar mis ilusiones,
se hace real toda fantasía que cabalgó por los sueños de mi corazón.

Poema a mi eterno corazón

Puedo rozar tu cintura,
sé que nadie me apresura.
Puedo tan solo besarte
y llevarte al planeta Marte,
y cientos de siglos amarte
aquí y en todas partes.
Eres mi razón y mi amor,
el canto de mi pasión
en los ríos de aventuras
de un beso en cordura.
Tan tiernos y locos,
que no duran tan poco,
son eternos y maravillosos,
de amor y grandes antojos.
Solo sé que te amo,
y así toma mi mano
de un amor eterno
que siempre fue tierno.
Bésame y ámame
y déjame que te ame,
que por siglos y siglos
estarás siempre conmigo.

Teorema de pasión

Quién hizo tu pintura,
ama tu figura.
Si plasmó tu corazón,
es dueño de tu pasión,
que en su canción
se llenó de emoción.
Y por uno, dos y tres
cantamos otra vez
en la humilde esperanza
que la vida no tranza,
en los montes del amor,
como dijo el cantor,
que habló de la pasión,
nuestra propia canción
de aventura y esperanza
que corre y así avanza,
en los bosques de ilusión
donde gobierna la pasión.

La muerte, la canción de mi suerte

Solo sé que mi Vallenar, «mi origen»,
marcará historia aunque algunos me tiren basura.
Dios va con todos, contigo y conmigo.
«Recuerda por siempre todo ámbito del vivir».
«No soy como tú», no le temo a la muerte.
He sufrido demasiado y, por eso estoy en este estado.
La muerte es mi compañera, la veo, me sonríe en los viajes,
en las noches y las madrugadas,
como también me aparece en las esquinas de mi barrio
y en los quirófanos la he tocado.
«No soy como tú». No le tengo miedo a la muerte,
solo voy cabalgando en mi propia suerte.

Recordando mis maravillas

Vi un tucán
y me pidió pan,
y desde cachorros
fumamos porros.
Y entre la distancia,
corrimos con ansia.
Lo mejor del mundo,
por eso no me hundo.
Y lo mejor del placer,
fue mi bonito nacer
entre la marihuana
de mi tía Juana,
que no existe,
pero persiste
en la imaginación
de mi propio campeón,
que soy yo, esta canción
que te amó con pasión.
Recordando y caminando,
en tu corazón estando,
en ciertas maravillas
de tu propia vida.

El funeral de mi muerte

Si me llega ahora,
será la hora.
Una gran canción
será mi mansión,
escrita y descrita
en funeral de risas,
pero como campeón
habrá una solución.
La esperanza eterna
en la corriente alterna,
eléctrica y tan viva
que alumbra mi vida
en aquellos pantanos
donde no has estado.
Y mordiendo el viento,
seguiré en mi aliento
buscando el fin,
que será por fin
toda la esperanza
de un joven que no tranza
el verdadero amor,
como dijo el cantor.

La unión de corazones

«Simplemente es así», no se me hacen agradables las multitudes,
y todo secreto o confesión que hemos guardado juntos,
irá en secreto camino en los baúles hacia otro universo.
Pienso, que esa es la verdadera amistad.
Guardar silencio en la maravillosa lealtad
de correr juntos en el silencio con nuestros secretos al paraíso.

Amor y canto de verano

Fueron primaveras,
angustias enteras
de un beso constante
y llegar así a amarte
en un pleno verano
donde tomé tu mano.
Y en aquella playa,
quien ahora vaya,
conquistará el amor
de su eterno corazón.
En la bendita razón,
llena de pasión,
del canto marinero
que solo es en enero.
Maravillas sin sanción
y besos con emoción
que culminan en febrero,
siempre con un te quiero,
de maravillosos abrazos
que terminaron en marzo.

Tu grande caminar

Voy con todo y para con todos,
para cerrarles el hocico a todos.
Soy muy tenue y tan calmante,
que estoy en distintas partes,
con una hermosa compañía
que por siempre me guía.
Un Dios eterno y maravilloso
que me ama en su propio gozo,
de amar y en todo conservar
la humildad de querer andar.
Y así siempre, en un comenzar,
todos mis sueños atrapar,
en lo consciente de mi mente,
que sabe lo que realmente siente.
Te amo, te quiero y te acompaño
en todos los mundos extraños,
que por aventuras han pasado
y tú nunca allí has estado.
Con mi familia voy por siempre
y ellos siempre lo sienten.

Ni bigotes ni pelos en la lengua

Sostengo valores y no temores,
siempre seré sincero hasta la muerte.
Aunque el universo cambie mi suerte,
que por más, anhelo una despedida
para un cambio de vida
de lo terrenal hacia lo espacial.
No tengo bigotes ni pelos en la lengua.
«Solo soy yo», un propio yo,
que su humildad plasma sinceridad.
Un ocaso absurdo para algunos,
pero también, un enorme cariño para unos pocos.

Mis amores eternos

También canto y amamanto
a mis niños que amo tanto,
que serán grandes maravillas
y no tendrán más pesadillas.
Aquí está su gran padre,
que con un gran amor arde,
vistiendo sus caminos
de acuerdo al destino,
que con amor va caminando,
y allí yo por siempre estando.
En sus instantes y momentos,
los mantendré contentos
para un futuro tan incierto.
Yo por siempre los aliento
y los amo más que a mi vida,
hasta el final de todos mis días.
Y entre bosques y sus vientos,
yo siempre seré su sustento,
ya que un humilde paraíso
les prometió quien los hizo.
Un gran y eterno espermio,
los ama siempre en lo eterno.

Caminos más que locos

Me apasiona lo imposible,
los acertijos ocultos,
lo más que imposible.
La leña que no puede cortar
una hacha de metal fundido.
Me inspiran las paranoias
que sobrevivo queriendo conquistar
mis propios mundos.
Le gané a la locura y,
tampoco tengo cordura.
Soy más que un loco,
«soy un yo tan distinto»,
que me juego la suerte
en mi propio camino,
y, por más que el sacrificio
que haga caer en suplicio,
conquistaré toda meta propuesta en mi vida.

El fuego quemando el alma

El mundo está vuelto loco,
viven preocupándose de las otras burbujas,
no se interiorizan realmente
en lo profundo de sus propias almas,
viven en lo absurdo.
No miran su propio espejo,
quieren cabalgar tu caballo,
pero, si estuviesen en tus bototos,
«eso les aterraría», pedirían socorro,
no han solido recorrer los pasos de la muerte.
Solo les interesan otras vidas
y no viven sus vidas.
No beben contigo,
no han fumado cigarrillos junto a ti,
ni tampoco han estado alucinando
los maravillosos porros contigo.
«Solo les preocupa lo que hacen los demás».
No son asertivos en sus convicciones
y desean conquistar el mundo que habita en su costado.
Desean beber tu copa de sangre,
una copa un tanto dura y maldita,
que envenenaría su sentir con las emociones
y las angustias,
que son los zapatos de un vagabundo
que sobrevive en la prisión del infierno
en su propio fuego,
aquel recorrer aquí, en este sitio.

Doblegando al destino

Y si hubiésemos tan solo haberle
mordido los talones al destino.
Los sueños y las ilusiones
rezagadas en tu corazón,
serían trofeos hechos realidad,
pero, «el destino es tu caminar, nacer y morir»,
algo indoblegable,
pero, un cierto sendero
que, en la rotonda de tu vida
también se hace cargo tu decidir.

Soñando el paraíso

«No estamos viejos, el cuerpo envejece».
El corazón sustrae una energía de tu alma,
que será por siempre la verdadera juventud,
que irá con destino hacia otro mundo,
un mundo que es otro universo,
un universo que es un paraíso.
Un paraíso donde el amor gobernará nuevamente nuestra creación,
y el vino proviene de la tierra,
algo, antes de nuestro existir.

Calma y agonía

Quizás, en algún instante, allí en la agonía,
pasarán los mejores recuerdos de tu vida por tu mente.
Aquello es lo exacto para una partida tranquila y dichosa.
Aquello son los recuerdos e instantes de amor y de felicidad
que pondrán calmo aquel dolor que nos trae la muerte,
antes de detener el palpitar de nuestro corazón.

Lo platónico del corazón

Tus caricias, la menudez de tus manos,
engrandecen el calor que yace en tu alma
y frecuentan los recuerdos que acuden
por el pasar de los trances y emociones,
que vagabundean por mis sueños.
La sensación de lo platónico que ocurre para todo el mundo y el universo.
Aquello es, amar lo que está allí,
muy detrás de los otros horizontes.

Luchas de vida

Cuerdamente existe tu propio Olimpo.
Una especie de gracia a tu valentía,
un horóscopo naciente que tú,
luchas con coraje en contra de su propio destino.
Solo así es todo en tu existir.
Mover cada pieza de tu ajedrez
queriendo conquistar cada movimiento de tu vivir.

El nacer y morir

El nacer fue escrito para morir.
Son tropiezos y piedras en el camino,
felicidad en momentos, tristeza en instantes,
triunfos ingenuos, derrotas transparentes,
y, por sobre todo,
un vivir plenamente en el coraje y la valentía de haber existido.

Cambiando la humanidad

«Sueño distinto, pienso distinto».
Aquello pienso y es valorable, en cierto modo poco común.
Es un común inverso, lleno de ilusiones extrañas,
que conviven en otro hábitat,
un hábitat donde existe la verdadera libertad
que nació antes que nuestra misma tierra.
Causo risa, rabia y burla, pero soy distinto.
Eso hará permanecer la diferencia partícipe de un loco,
«algo de otro universo».

El nacimiento de tu yo

No fuimos nadie, solo nos convertimos en alguien.
Alguien que nació de nuestro nadie.
Y así, en lo oculto del alguien,
comenzamos a nacer de repente desde nuestro nadie.
Y ahora, desde el nadie y alguien,
«somos nuestro real yo».
Un yo con esperanzas y sueños.

Valentía de sangre

Las cenizas y el polvo son tu esperanza de un renacer.
No hay nada oculto,
solo una esperanza y una verdad
que carcome cada día nuestros huesos
y, por la sangre ocurre la valentía o el temor del encuentro con la muerte.

Eterno viaje

Solo quiero concretar un par de sueños aquí,
e irme ya, con un par de mundos de mi existencia,
en cierto modo dominados.
Anhelo una partida calma y serena.
No deseo los aplausos de la basura de la humanidad,
que solo vive en base a sus propios beneficios,
más quiero y anhelo,
un aplauso angelical, lleno de pureza y paz para mi alma,
que en algún instante partirá en otro rumbo.
Solo sé, que pocos son mis seres especiales.

Cantos de libertad

Los bosques tienen sonrisas en sus hermosas hojas,
el mar sostiene un azulado color de un alma valiente al golpear las rocas,
y la tierra, una tierra, que emana lo transcendental de nuestro destino,
se está perdiendo por la ilógica cordura del ser humano,
pero, «el cielo nadie lo toca»,
ello es, la fuente que recibirá el canto de la libertad.

La cárcel de los juicios

Se me hacen extraños los juicios,
«creo, que quien juzga en este mundo,
es dueño y propietario de su propio enojo y debilidad
delante de los golpes de su propia vida.
Los juicios no sobreviven aquí,
son parte de otro universo».

El decidir

El carácter es, un valor infinito que emana poder,
pero aquello, sucede en el corazón
de acuerdo a la valentía de cada decisión
tomada por el corazón en nuestro vivir.
La mente es solo el paso, el río, o el sendero,
que realmente el corazón da a conocer en vuestras decisiones.

Las letras de tu corazón

Tropezarás y caerás. Solo, simplemente de eso trata la vida.
No nos levantamos solos,
«recuerda, que la garantía de estar aquí sobreviviendo
viene de las letras que están puestas allí, en algún lugar».
La riqueza de tu corazón,
tiene un peso y un precio en algún sitio.
Obra bien, y verás,
que tu partida será un tanto más amorosa de acuerdo al sufrimiento.

El poder del vino

«Un tinto mueve los sentidos»,
da el paso a la verdad oculta en los corazones.
«No temas, si viene la tempestad».
Un buen vino y un cigarrillo,
pueden calmar la angustia de todo corazón.

Pasos cobardes

«Hay una guerra muy cobarde entre las palabras»,
aquello es, no querer dar pie atrás
cuando no tenemos la razón.
Todo esto se da, en todo ámbito de vida.
Y, por aquello, no tenemos la real capacidad
de caminar todos juntos adelante como seres humanos.

Cumpliendo tus sueños

«Aquel pincel con el que pintaba los paraísos tu mirada,
aquella lluvia, que nacía en la tristeza de los ríos de tus lágrimas,
son lo que me inspira a seguir un rumbo de sobrevivencia».
Son tus sueños que quedaron aquí,
son la ilusión que me pertenece ahora.
Todo es, más que nada, seguir tu eterno amor.
Un amor, que desde otro sitio,
hace resplandecer cada día mis ganas de vivir.

La sabiduría, símbolo de dolor

La sabiduría se recoge de la propia existencia,
del dolor y el sufrimiento del pasar de los segunderos del reloj.
El pie atrás y la cobardía es símbolo de mediocridad.
El ser humano se estanca, de por sí,
en no querer conquistar sus propios mundos.
La vergüenza nació en la incorrección y la maldad
del actuar humano en el paraíso y, en nuestros propios sueños.
Quien no sostiene vergüenza en los actos del bien,
es digno de la pureza que otorga el universo cada día.

El remover del corazón

«Nos divorciamos cada día», de nuestra tierra,
de nuestro mundo, de nuestra propia luz de vida en un enojo,
con el sol que nos ilumina.
Reclamamos a la luna el perdón de nuestras faltas,
rogamos clemencia a las estrellas,
queremos calmar nuestra sed en los arroyos de la naturaleza buscando paz.
Y, por más que queramos,
los errores y los malos pasos de vida
son propios de nuestro recorrer de existencia.
La solución está, en volver a amar como niños,
tan niños, que el odio se disuade,
y vuelve la inocencia, que en realidad nos remueve nuestro corazón.
Los pasos son vida, los caminos son alma,
y lo concreto, está en amar con el corazón.

Dominando la mente

Beber es un tanto extraño,
debes dominarlo, crear una especie de invención
cruelmente, pero recíproca en conexión con tu alma.
Ciertos cigarrillos, el cierto adormecer del trago,
te enfoca en buscar otros mundos,
otras fantasías un tanto irreales,
«quieres conquistarlas».
Las pastillas para la psicosis también representan un cambio
en la relación, de lo que consta la analogía
de una locura que persuade tu mente.
La valentía, muchas veces, la otorgan los químicos,
muchos terminan encarcelados por el dominio ficticio
de los efectos de coraje de cada sustancia.
Hoy me levanté, a pesar de que tuve alucinaciones en la madrugada,
tuve varios sueños, una compleja angustia
y, sobre todo, como a todo aquel a quien lo quieren dominar sus temores.
Al ver el sol por mi ventana al amanecer, eché los miedos al costado.
Miedos y temores que son mis amigos,
«ya no tienen poder sobre mi presencia».

El amor y su verdad

El amor se define como un calor de corazón a corazón,
una atracción de almas, una energía recíproca
que inunda mutuamente nuestros sentidos
en base a un sentimiento sobrenatural.
Todo es una unión pronta e imparable entre almas.
El amor, aunque suene cruel, no está de prójimo a prójimo,
escasamente algunos se aman a sí mismos
y son pocos los que consolidan un real amor en la vida.
Todo está en la relación de la convivencia,
donde hubo y hay una pureza, una gratitud enorme entre seres.
El amor es un dominio de los sentidos
de acuerdo a la relación humana en nuestro existir.
Lo demás es sucedáneo del amor
y se llama «cariño, y en parte, una estima ciertamente profunda».

El desierto y sus pastos

Los rollos son de locos, son parte de otra naturaleza.
Una expansión de sueños divinos que no tienen relación con lo humano.
Los sueños de los locos son la historia de un mendigo que mendigó abrigo.
Son sueños de la eterna fortaleza que marcó un valiente
que tendrá que morir. Un corajudo que tendrá cenizas de historia para sus generaciones.
Los pasos de vida marcan tu sendero.
Todo mundo tiene una historia
que representará la memoria para con sus dolientes.
«Recuerda» que lo primero no representa la garantía de tu copa,
en la sequía no hay pasto,
pero, en el desierto hay aguas ocultas
que solo las encuentran ciertos seres como el camello,
que guarda su intuición en busca de la supervivencia.

El canto de un loco

Voy rescatando cada momento,
voy haciendo una idea de mi futuro,
voy solamente caminando y cruzando los obstáculos
que se presentan en la rotonda de la vida.
Solo voy cantando mi canción
y voy asumiendo el poder del destino
en lo cruel de vivir y tener que morir.
Voy mirando el sol por las mañanas
cantando la libertad.
Voy mirándome al espejo cada día
y, así, reconociendo mi alma,
«que no es cuerpo, sino un reflejo mayúsculo de mi corazón».
Voy siguiendo noche y día,
la sombra que me sigue con el sol y con el reflejo de la luna.
Voy buscando la oportunidad del canto de la paz
cuando miro cada estrella.
Voy solamente espiando lo oculto
que reaparece en lo verdoso de mis bosques.
Voy conmigo mismo, asumiendo que he de morir.
Aunque no lo creas, voy contigo en tu camino,
voy predicando la paz para la humanidad.

Charlas con Willy, Luisa y Dirthy

Willy me intentó persuadir,
él sabía que en sí le daría una buena respuesta,
mientras Luisa tenía una enorme fe en todo tipo de mis decisiones.
A Dirthy le parecía todo raro,
«pero en sí, tenía cierto conocimiento del espejo que transparentaba mi alma».
Se coludieron, y quisieron ver si había engaño en mi propio corazón.
Me preguntaron la diferencia y la unión entre la libertad y el amor.
Me demoré un poco, pero les mencioné
que la libertad se hace distinta al amor en la soledad.
En la soledad somos libres y, sin embargo, interesa el amor,
la soledad plasma un punto exacto fuera de todo ser y apariencia,
la soledad es más que nada una conexión de tú a tú,
y por lo tanto, también contiene amor,
un amor que es tan oculto que nadie puede dominar,
ya que pocos saben que existe.
Por eso, la soledad es compañera del partir o irse en suicidio de este mundo,
todo esto parte de una libertad solitaria, en sí, el miedo a nada.
Les comenté del amor, les dije,
que el amor nace desde el vientre de nuestra madre
y corrige todo trauma que pueda venir en nuestro recorrido del vivir.

También les hice mención de los tipos de amores.
El amor de madre, de padre, de hermanos y también un amor divino,
que es hacia nuestro creador que nos entregó la vida.
Sostuve un problema con ellos en base al amor en relación a la amistad.
Les dije, que en la amistad existe la traición
y hay que asegurarse con el tiempo quiénes son los reales amigos.
Wiily, Luisa y Dirthy me comprendieron.
Pero ellos son más sabios que yo.
Sostuvieron algo enorme y ratificante.
Me dijeron que en el corazón está el poder,
y tú, sea cual sea el momento de vivir,
tienes que analizar si existe la verdadera gratitud
de salvar y salvarse cada prójimo en ocasiones difíciles.
Me dijeron que en los momentos difíciles de cada uno de nosotros
se ve en realidad si el amor es devuelto mutuamente.
Me dijeron que el amor es recíproco siempre
en nuestros momentos difíciles y de debilidad
y, por sobre todo, tiene que existir la lealtad.

Crónicas de mi muerte

«Y lloré en algún instante»,
me dejé atrapar en los agobios de la carretera de la vida.
Logré escapar en algún momento,
pero «la vuelta de aquel tren me atrapó nuevamente,
no queriendo soltar mi alma y, entre risas y lamentos,
seguí mi camino, cantando una canción de paz y angustia
que se separaron en los sueños que hacían real mi muerte.
Una muerte distinta, una muerte que sostenía la dirección de una fábula,
«el ser feliz por siempre».

Los caminos de un loco

«Soy un loco», visualizo el fin
y mantengo lo que me otorga un principio.
Agradezco algunas cosas y desmerezco algunas situaciones.
Voy en un trance y un rumbo en el tren de mi vida,
pero no soy como cualquiera, camino distinto,
voy corriendo mis senderos en desconfianza.
Porque el sabio desconfía de la humanidad,
y permanece tan tenue y calmo recibiendo los golpes de la vida.
Soy tan así, que tengo un ojo con una pupila de una mirada eterna,
que ve más allá.
Nadie lo cree, «pero leo tu corazón».

El brujo de las letras

Las letras leen la mente,
van en dirección a lo impermitido.
Las letras callan, mientras las emociones guardan su silencio
queriendo cantar el sentir.
Pero, cada letra, lee los corazones y calla
en el silencio de un alma y un corazón,
que no revelará los secretos de su existir.
El corazón es vulnerable y pasivo, se puede leer,
pero el alma es más arisca,
contiene un tesoro muy oculto en su camino.

El universo y la calma

Corría con calma y paciencia por la vida,
los tropiezos eran enseñanzas
y ciertas victorias solo iban dirigidas al cielo para con mi madre.
Los cielos oscuros ya no eran terror,
sino una paz soleada en mi propia oscuridad.
Sentía los vientos del norte y del sur
y aquellos no me sacudían enormemente,
solo aquellos vientos daban a conocer el cambio de la humanidad.
Existían lluvias y tempestades y daban noción
a un cambio eterno de un planeta oscuro que mendigaba claridad.
Todo era alma y destino.
El amor del universo, que sostenía en el cielo y sus estrellas
la verdadera libertad que cada ser debe tener antes de su partida.

El hábitat de la sobrevivencia

Culturízate en la grandiosa paranoia del universo y verás,
así serás dueño de tu propia libertad.
Hay ríos angostos, laderas de penurias
y cumbres que solo se consiguen en la astucia de la supervivencia.
Lo demás, «lo natural te agota» y te lleva a tu propia perdición.
Domina tu sentir, «tu mente» y verás al amanecer un cielo claro.
En la vida está todo escrito y, por ende,
el juego de la existencia está en base a luchar en contra de nuestro destino
y provocar luz en lo oscuro de los pantanos de angustia
y también transformar aquellos pantanos en la propia felicidad
que renace en otorgar el verdadero cambio a tu corazón
en las crueles tempestades de la vida.

Amándote

Conquisté tu corazón
fue mi humilde razón
en noches de estrellas
eternamente tan bellas.
En los mares y vientos
donde estuve contento,
de amarte y quererte
y por siempre verte
tan tranquila y tan feliz,
como dijo la perdiz
cantando en la mañana
igual que Doña Juana.
Solo te doy una estrella
porque tú eres muy bella,
y paseando y cantando
te digo que te amo tanto.
Ahora te digo y me despido,
que por siempre seré tu abrigo,
y tan solo así lo describo:
que por siempre estarás conmigo.

La conexión de un loco

¿Sabes lo que estoy pensando?
No lo podrás creer.
Pienso en el viaje que emprenderán nuestras almas,
también recorre en mi mente cada pálpito de tu corazón.
Pero no es necesario recurrir todo el día a lo incierto.
Muchas veces, suele ser mejor darle más prioridad a lo cierto.
Allí, sobrevive la verdadera calma,
una conexión real en lo que permanece en nuestro corazón.

El pozo del sentimiento

—No lo niego, Willy,
existen y hay muchas ocasiones
en que me siento un huérfano en la vida.
Luisa me lo repite siempre y dice:
«Nosotros estamos siempre contigo».
A la vez, intenta consolar un poco
la angustia que intenta gobernar mi corazón,
mientras Dirthy mira el reloj
y me da a entender lo del amanecer,
el anochecer y lo que ocurre
en ciertas madrugadas de insomnio.
Ellos me aman y, en realidad,
quieren lo mejor para mí.

Encuentros de almas

Soy un silencio oculto, una heredad de mi madre,
pasos distintos, que sobrellevaron una angustia eterna
en caminos donde la fortaleza fue mucho más que suficiente,
un rumbo ciego y no tan claro.
Un sendero distinto a toda forma natural de vida.
Aquello, «la suerte y el azar»,
que tienen un valor sumamente importante en la existencia,
podrían otorgar un «encuentro»,
pero pienso que los enigmas son destruidos por la razón,
una razón donde la espada de nuestro vivir
por siempre será el «amor».

El túnel de mi alma

—Necesito un trago —quiero olvidar algunos momentos vividos
y fantasear en lo que nunca ocurrirá.
—No lo comprenden, solo pretendo apagar el fuego
que se encendió en los bosques de mi alma.
Solo quiero huir de la paranoia que atrapa mi vida.
Nada más que eso, deseo ocultarme en la sangre del vino,
en una copa que podría cambiar el rumbo de mi existir.
Amo a los míos, amo a mis semejantes,
pero, sin embargo, algunas veces quiero cruzar aquel túnel y morir.

El vino y su gran poder

La naturaleza produce el vino,
un vino que remece tu alma,
un vino que hace mención a la sangre
que comunica tu propio corazón con tu alma.
Los sentimientos predican el instinto que nace
y perdurará en contra y a favor del reloj.
Un tiempo que es destino, un azar
que convierte la suerte de los pasos
de cada latido de tu corazón.

«Cuando me busques»

—Y algún día, búscame en tus recuerdos,
en tus pensamientos, en tu corazón y allí estaré,
con mi gran cigarrillo que marcó cada letra
que habitaba en mi corazón,
y con esos tragos que adormecían el recorrer de la sangre
de mis venas anhelando marcar una historia.

La propiedad de los humanos

¡Lo necesitaba!
—Un buen trago —sé que tendré que morir.
Las sensaciones de dolor, de enfermedad,
la paranoia y también la esquizofrenia
son precisamente un choque con el cielo o el infierno.
Todo tipo de enfermedad nos hace mendigar un pedacito de cielo y, sin embargo,
cuando, aunque sea un momento, sostenemos la salud de un roble,
nos creemos inmortales.

Enseñándonos

Todos somos maestros y aprendices en nuestra vida,
la sabiduría guarda el origen de cada vivencia.
Todo argumento y vivencia la sacamos de las enseñanzas
de semejante a semejante.
La vida nos muestra la igualdad de acuerdo
a lo vivido entre sol y sol,
lluvia y lluvia, y la eterna oscuridad de cada ser.

El poder en el silencio de los sabios

Somos príncipes y demonios en esta maldita sociedad.
Criticamos el bien y ponemos en alto el mal.
De por sí, el alma buena permanece crucificada
por entregar lo que siente su corazón.
Y los demonios hechos carne son celebrados
por los idiotas que son engañados
por la basura de aquellos sentimientos de maldad.
El sabio lo sabe y caminará tranquilo sin ser engañado,
ya que conoce todo corazón y ve todo lo que existe
detrás de cada pupila.

La calma en mi Señor

En la humildad de mi pueblo, y mi verdadera razón de ser,
«mis hijos» y la verdadera amistad,
la humildad de mi nacer, mis verdaderos amigos,
«el pueblo», «ya no más por un tiempo»,
y por sobre todo, en el amor de mi Señor Jesucristo
que me acompaña y protege por siempre, lo lograré.
Ya no más por un tiempo. El cuerpo debe limpiarse,
al igual que el alma y el corazón de todo ser.
Doblegaré todo sin tratamiento en el nombre de Jesús.

Rumbos del amor

Eres mi eterno amor.
El sendero que iluminó mi corazón y,
por lo cual mi alma gobernó cada beso
que habitó en nuestra existencia,
en nuestros sueños y cada ilusión
que quiso conquistar nuestro futuro.
Te amé más que a la luna, que a cada estrella
que quiso iluminar nuestro camino,
pero eso no fue suficiente.
Fuimos agua y aceite, algo que solo un universo
en algún momento nos podrá unir.
No pierdo la esperanza,
que la canción de mi alma conquiste tu corazón.
Solo sé, que por sobre todo, te amo.
Los pasos de nuestra existencia,
con el paso del tiempo, causaron cierta indiferencia,
pero tú y yo sabemos que los trenes de nuestra vida
algún día se cruzarán en el mismo andén.
Solo sé, que aunque el reloj gire en contra de nuestro existir,
te seguiré amando.

Los cascarones de la vida

Le sonrío al mundo, pero,
«recuérdalo». Vivo infinidades de infiernos.
Luchas eternas donde no existe la tregua.
Solo sé que mañana podría venir la victoria.
«No pretendo humillarte»,
pero tú estás todavía allí en el cascarón.
Te lo digo suavemente.
Vive calmo y sereno el único mundo que te tocó sobrevivir.
«Disfrútalo». Aquí yo, vivo feliz,
pero lucho día y noche con varios infiernos.

Volcando al destino

«Nunca es tarde».
Recuerda, que siempre será temprano
para comenzar nuevos desafíos.
El reloj avanza lentamente y rápidamente
de acuerdo a cada momento de vivencia,
y mientras cada corazón goce de su palpitar,
nunca será tarde para cumplir
aunque sea una sola ilusión.
Ten presente por siempre,
que tú y yo somos dueños de nuestros sueños.

El cruzar del vivir

Cierta torpeza y estupidez gobierna nuestro ser,
pero increíblemente allí se encuentran
las soluciones a las etapas del vivir.
Se hace presente la realidad
que, de la estupidez nació la inteligencia humana.
Algo que da solución y pone en función nuestro corazón
para y con el decidir de nuestro camino
que cruza día a día la supervivencia.

El tiempo le habló al tiempo

Agosto conversó con septiembre y le dijo,
«tenemos que ser felices, después de allí no hay nada más».
Viene el verano, llega el otoño, vendrá el invierno,
y llegará nuevamente la primavera de septiembre.
Eso le dijo, «solo sé feliz».

El arte del saber

Si quieres ver a alguien derrumbado y derrotado,
«mírate a ti mismo»,
tu alma y tu corazón son la auténtica mediocridad
de no haber podido en algún instante dominar tu propio ser.
El bien es símbolo de una protección celestial,
«recuérdalo siempre».
El ángel con cuerpo de hombre, ve más allá de la pupila,
ve todo lo que pronuncia tu corazón.

Lo sobrenatural de los locos

Willy, Luisa, Dirthy,
los quiero demasiado, siempre se los he hecho saber.
Sé que son la protección de mi imaginación,
pero van con todo siempre, se los agradezco.
Pueden picar en trozos la maldad de ciertos semejantes.
Lo sé, aquí hay algo sobrenatural.
Una energía que se basa en el amor,
la lealtad y todo lo que es la pureza del alma.

El rocío del alma

El eco de mi canto es la locura de mi vida.
No me apresuro cantando, solo canto al ritmo de la vida.
Una vida llena de porvenir, de vivir y morir,
de sonidos que tocan las puertas de tu corazón en lo verde de sus pastos,
y la luz del sol que ilumina nuestro sentir.
La luna es luna e ilumina cierta ruta de tu vida,
«más el sol» es tan grandioso que te da su calor,
mientras la lluvia se mezcla con tus lágrimas
intentando poner calmo tu sentir en la aflicción.
Solo sé que la naturaleza entrega vida.
Una vida al compás de tus sentimientos,
«lo que habita en tu corazón»,
y en el rocío del amanecer de nuestra propia alma.

El cocodrilo y su danza

No encuentro solución en lo real.
La imaginación de mi ser conquista todo modo de existencia,
toda relación en base a lo irreal de mi supervivencia,
allí se forman los lagos, los ríos y el camino del cocodrilo
que vive con la esperanza y la furia de matar si atacan lo suyo,
y no ser presa de nadie, sino más bien, querer vivir una eterna ilusión
propagada en la furia de seguir conquistando su propio destino
en la danza de su existencia.

Amor de Padre

El silencio cabalga mi camino,
y mi tristeza gobierna parte de mi ser,
pero grandiosamente mi felicidad está en mi creación.
Una creación que será por siempre
la luz que iluminará mi camino
con amor para siempre en mi vivir.
«Los amo, y los amaré eternamente,
mis grandes retoños,
la única razón de mi existir».

Tormentos del vivir

—Willy:
te crees muy valiente,
sacas el coraje oculto
que se resguarda en tu corazón.
Lo sé, yo lo hice
cuando estuve en tus sitios.
—Velimir:
claro que lo hago,
pero muchas veces caigo en llanto,
siento morir en angustia,
me siento atrapado.
—Willy:
«te comprendo»,
y sé que tus lágrimas,
tu angustia serán escuchadas
allí donde yo vivo ahora.
Te ayudaremos,
Luisa y Dirthy están sumamente preocupados,
pero, solo espera unos meses.
Saldrás victorioso
de tu tormenta de aflicción.

—Velimir:
se los agradezco,
sé que lo haré,
y en algún momento volverá
la felicidad que inundó mi infancia
en busca de toda ilusión
y sueños en mi vivir.

La penuria de un loco

«Puedo llegar en cualquier momento
a tu corazón,
tengo palabras que son fuego
y lluvia en tu tempestad»,
y sin embargo,
nadie llegará a mi corazón.
Soy tan distinto,
que mi Olimpo sobrevive en otro lugar.
Mi paz se encuentra en otro sitio.

La muerte de un loco

Los pasos de mi muerte están escritos,
pero, de todos modos,
siempre conservaré la humildad,
la bondad y la honestidad en mi corazón.

Eterna filosofía de un loco

Podemos exigirle a nuestra mente
cómo gobernar el pensamiento,
pero el corazón nunca será gobernado.
Allí, en el corazón,
camina y recorre la danza
y la canción que se conecta con tu alma.
El precipicio a todo lo otorga el pensar,
y por cuanto más esto tenga poder,
«el corazón es la suprema voluntad
de los sentimientos,
y allí existe mucho más poder».

Mendigando paz

Solo escribo en soledad
y, cuando estoy contigo
compartiendo un buen trago
y un cigarrillo,
quiero ser como tú,
aunque sea en ese instante.
Te quiero, te amo y te adoro.
Quiero y anhelo
en mis pantanos de angustia
sostener una normalidad
que me haga sonreír,
«solo quiero aquello»
y, se lo mendigo en lágrimas
cada noche y amanecer a la vida.

La convicción de tu ser

«Tienes que tenerlo, debes tenerlo».
Aquella convicción, donde todo sueño e ilusión
se hará una realidad.
Así funcionan los caminos del corazón.
Toda la vida gira en base a lograr tus objetivos
y aquello se llama
«sueños e ilusiones,
que son las fantasías de tu vivir antes de morir
y encontrarse con un paraíso».

Las páginas del mundo

Eran rutas y caminos,
polvo y viento,
marejadas y rocas,
el copihue y el cóndor
de una patria destruida por el pasado,
abrazando un presente de lágrimas
que se cobijan y se envuelven en un futuro,
donde una escritura gobierna los pasos
de todo pueblo, de toda ciudad, de todo país,
y de todo nuestro mundo
a causa de la indolencia del poder humano.
No habrá patria en el mundo
hasta que gobierne el real amor.

El baúl de la ilusión de los locos

El rock es mi patria,
allí abunda y permanece la razón eterna
y distinta del pensamiento.
«Todo sueño inmortal
permanece en la ilusión
que sobrevive en el rock».

El juego de la conciencia
es la rebeldía del alma y el corazón,
el eterno clamor de donde iremos a parar.
«El juego sucio ensucia el corazón,
mientras la disputa en la lucha con la razón
es la prisionera de tu propia alma,
y la mente solo es la ruta del decidir del pensamiento».

Las maletas de mi vientre

Son solo ruidos, murmullos
de un ángel que predica el arte,
un alma bastante oculta y radiante
que razona en lo oscuro y claro
de los paisajes de la eterna vida.
No voy contigo ni con nadie,
voy solo con Dios de mi lado.
Ángeles vestidos de hermosura
calmando en mi vida mis dudas.
De lo paciente en mis dientes
no habrá nunca nada pendiente.
Solo sigo mi cajón y una flor
tan eterna y llena de puro amor,
en los viajes de mi eterna mente,
de maletas de un amado vientre.
Sigue, mira, conquista y respira,
somos todos amor en esta vida.

La carretera de un loco

—Velimir: presencié todo, Dirthy, fue horroroso.
Todo se sumió en angustia,
mi pasado fue un tanto feliz,
pero hubo episodios horrendos.
No quiero recordar aquellos momentos,
pero en sí, la mente me traiciona y no puedo olvidar.
—Dirthy: no relaciones tu corazón con tu mente,
aquella relación es difícil separarla,
pero si lo logras estará tu alma tenue y gozosa,
gozarás una paz aquí.
Intenta olvidar, sé que será difícil,
pero tú eres grande,
tus letras ya se han inmortalizado.
Deja un poco los excesos
y verás que con el tiempo
tendrás la paz de un ser cotidiano.
No esperes que todo sea rápido,
ten paciencia y calma,
todo no volverá a la normalidad tan pronto,
pero en aquel lapso razonará tu corazón
y serás libre.
—Velimir: lo siento, Dirthy,
esta vez haré todo a mi manera,
creo que lo podré lograr.

—Dirthy: está bien, Velimir,
no te apresures tanto,
sé que algo superior a todos nosotros
te acompaña siempre.
Nosotros, Willy, Luisa y yo
lo conversamos y sabemos que tu mente
tiene cierto poder,
tu corazón es muy honesto y así saldrás adelante,
ya que eres un gran hombre, como siempre lo dijo tu madre.
Solo sabemos que te apoyaremos siempre y,
tú lo sabes.
—Velimir: lo sé, no lo duden,
de aquí a mañana serán días de cambios.
Los quiero mucho,
les agradezco infinitamente su protección.

Baúles para mis generaciones

Me considero un poeta,
un filósofo y un escritor naciente de mi tierra «Vallenar».
Lo demás, la mala vibra,
la energía maligna es solo un proceder
de que aquellos semejantes no están contentos
consigo mismos en su vivir.
Ya las obras están redactadas
y, todo en un principio
es un legado para unos pocos o muchos de mi sangre
que sienten algo especial por mí.
Pero, lo principal es,
la inmortalidad para con mis hijos,
nietos y bisnietos futuros,
en sí, para mi generación venidera.
La basura es de otro mundo,
aquello sobrevive en los infiernos
de la mediocridad de ser o no ser
y no saber dónde se está.
Por siempre seré un loco
lleno de amor
para con todo lo que tenga un palpitar,
una pupila sincera en su existencia.

Enigmas de la libertad

Tengo una fortuna,
«soy libre»,
no me amarro ni a mi propia sombra y,
sé que algún día cruzaré
y descubriré qué hay detrás de mi espejo.

El vino y su magia

Nunca podremos engañar ni sobornar al vino,
el vino fue antes que nosotros.
El vino hace transparente
toda emoción y sentimiento
que habita en los cofres de nuestro corazón
y en todo lo oculto que reside en nuestra alma.
El vino siempre cruzará el túnel de nuestro sentir.
Nació primero y, por sobre todo,
será por siempre la copa eterna de nuestro corazón.

«Quiero, solo quiero»

Quiero la paz de las estrellas,
quiero la luz de aquella luna,
quiero calor del sol a mi alma,
quiero una flor al amanecer,
quiero besos de eterno amor,
quiero viajar con un cometa,
quiero sonreír como un ayer,
quiero un paraíso de vida,
quiero correr y solo amarte,
quiero voces en el silencio,
quiero conquistar tu amor,
quiero noches de paz y luz,
quiero ver tu eterno brillar,
quiero sentarme a tu mesa,
quiero cariño y tu abrigo,
quiero cantar junto contigo,
quiero tan solo amarte aquí,
quiero cambiar mi destino,
quiero tu bosque y tu campo,
quiero un diamante de amor,
quiero conocer tu corazón.
«Eso quiero, vivir y morir,
encontrar paz en mi alma».

Los pasos hacia el fin

Y si la tristeza doblegase mi corazón,
quiero la caricia de una flor,
y si por la madrugada despertase en angustia,
quiero la caricia de una estrella,
y si por la noche muero en vida,
quiero la caricia de la luna,
y si por las tardes siento los pasos de la muerte,
quiero las caricias de un buen vino y un buen cigarrillo,
y si al despertar se inunda mi alma de temor,
quiero la caricia de mi espejo y cruzar aquel túnel,
y si muero hoy o mañana,
«no quiero caricias»,
solo quiero la paz que anheló mi ser
en la bienvenida hacia mi gran universo.

Conexión de almas

Fueron y son millones de besos,
trillones de caricias y un amor eterno
en los pasos de la vida.
Todo es, el viaje al universo,
un recuerdo plasmado en la memoria,
un sentir que cabalga y trepa
la montaña de nuestro existir,
un corazón que viaja
en el tren de nuestra existencia.
Todo es, la conexión de alma y corazón,
«te amo».

Mi última campana

Siento distinto las campanas,
lo atribuyo al desazón
que conmueve mi sentir,
o tal vez a mi propia soberbia
que ha creado su propia mitología de corazón,
una soberanía que en algún momento
se desprenderá de su ser
cuando venga la última tormenta,
el último paso de mi vida, «la muerte».

El porvenir de un loco

—Luisa: te noté triste hoy,
presentí y sentí que han vuelto ciertos vacíos
a poner en ejercicio la angustia que reside en tu corazón.
Ten calma, el viento solo por hoy fue un tanto distinto,
recuerda que mañana a las 6 a.m. cantará el gallo
que vive dos casas más a tu lado,
y vendrá cierta tranquilidad.
Esa ave siente tu cansancio y tu llorar
en ciertas noches cuando bebes,
y con unos cigarrillos intentas escapar
de todo lo que te agobia.
—Velimir: te entiendo Luisa,
pero debes ser más compasiva
y aceptar que mi corazón muchas veces
no encuentra escapatoria.
Lo conversé con Dirthy ayer
y me mencionó que Willy buscaría una alternativa,
tal vez una terapia desconocida que me pueda ayudar.
—Luisa: correcto amigo, me lo comentó,
y mañana a las 6 a.m.,
cuando aquella ave lance su sonido
tendremos cierta solución para cierto tiempo.
Entendemos que la mente es muy poderosa,
y la tuya es muy difícil de dominar.
Cuídate hoy hasta las 6 a.m.,
mañana por la mañana te sentirás mucho mejor.
—Velimir: gracias, lo tendré presente,
intentaré dormir temprano.

El temor en la ruta de la vida

Quizá, el valiente sea consumido por el miedo,
el cobarde agarre coraje
y salga en busca de lo desconocido,
como también los frágiles nunca sean quebrantados,
y por momentos, en la ruta de la vida,
puede que el cobarde aconseje al valiente,
y el valiente bendiga al cobarde
en dirección a la valentía,
mientras los frágiles que nunca han sido quebrantados
conquistarán los temores de los cobardes
y de los valientes, que también sostienen temor.
Solo así, se consigue la paz.
Mezclando la sabiduría entre todo ser.

La odisea de la vida

Retiene tu maleta, déjala allí, en el mismo sitio,
siempre volvemos aunque sea alguna vez al mismo lugar.
Los viajes y nuestras carreras de vida
tienen los pasajes de ida y vuelta.
Recorreremos muchos sitios,
pero siempre de alguna forma
volveremos al mismo andén.
El tren del destino tiene una memoria
que está guardada en nuestro corazón.

El camino del corazón

Solo y contento por la vida,
camino un rumbo imaginario
hacia mi propio universo,
me detengo solo en cada andén
donde sobrevive y reside
toda aventura de vida.
Aventuras que involucran el amor,
la felicidad, el sufrir, la desdicha
y todo lo que otorgan los vientos de la existencia.
Solo sé que en cada paso que doy,
en cada andén,
doy las gracias a mi Dios
siempre por tener mi corazón palpitando aquí,
por estos sitios.

¿A dónde iremos a parar?

Se acorta el pelo, se alarga la botella,
y entre un buen trago y un fantasioso cigarrillo
vivo alucinando el porvenir oculto de mi partida,
una partida que subsiste en la gloria del universo,
o el fuego del infierno.

El loco vagabundo

Quién ha sido vagabundo
tiene sabiduría, fe y esperanza.
Las cunas de oro
solo sostienen valores ficticios
que se los otorga la comodidad.

Pasos de ignorancia

La patria está en la inconsciencia,
un paso más que la conciencia,
el querer y amar por sobre toda razón.
La patria es querer vivir de la naturaleza,
algo que ni tú ni yo podremos realizar en estos tiempos.
Todo es, una escritura que sabe y tanto sabe,
que gobierna nuestro fin en nuestra inocencia
de acuerdo a nuestra propia ignorancia de sobrevivir.

Pocos somos, pero somos sinceros

«Veo lo que tú no ves», lo puedes envidiar,
pero, si lo vieras,
poco a poco se te erizarían los pelos
y caerías de espalda golpeando tus costillas.
«Veo lo que tú no ves»,
y si lo ves, tu propio cuchillo te traicionaría
arrancando de tu mirada.
«Veo lo que tú no ves»,
ya que, mi mente es más fuerte que la tuya,
soy esquizofrénico y me siento orgulloso
de permanecer y ganar toda lucha con otros mundos.
«Veo lo que tú no ves»,
y aunque te mofes de lo que sobrevivo,
tú te mearías y te cagarías teniendo mis luchas.
Respétame siempre,
que el dolor del cuerpo lo sentiremos todos,
pero el sufrir, y el juego de la mente
no lo vive cualquiera.

El paraíso de la sabiduría

Las sillas en este lugar
son la transparencia de la humildad,
sus respaldos son la confianza y la entrega
de un amor mutuo de semejantes
llenos de vivencias en cada paso de nuestro vivir.

Pasos de existencia

Lamentablemente, y aunque el universo,
toda energía no lo quiera,
mi vida está en el pasado,
en retroceder el tiempo
y salvar a mi hermosa madre de su agonía.
El presente también me vale con los míos
«los amo una eternidad, son mi razón de sobrevivir aquí»,
y el futuro, que aunque nadie lo asimile,
por siempre será la muerte,
«la muerte es el futuro de todos, aunque duela».

Corazón y mente

Les enseño a mis hijos
el valor del corazón,
un corazón que es la base de los sentimientos,
pone en acción los valores más cercanos a Dios
que nacen de nuestro sentir,
«la humildad, la honestidad, la bondad y la sinceridad».
Les doy a conocer una sabiduría eterna,
que la mente es solo el paso,
«el río y el sendero de la comunicación»,
que, si bien es cierto cuesta dominarla,
pero, la mente, a pesar de ser dueña de la inteligencia,
por siempre será gobernada por el corazón.
Si te miento, lo digo con la mente,
pero toda verdad permanecerá
por siempre en vuestro corazón.
Quién entienda esto,
está comenzando sus caminos en la sabiduría
que nos entregó nuestro universo al nacer
y obtener nuestro primer pálpito de vida.

Pasos al infinito

Y te puedo mostrar mi corazón,
«no lo conocerás»,
y te puedo mostrar mi mente,
«y no la conocerás»,
y te puedo mostrar mi alma,
«y no la conocerás»,
solo conocerás el conjunto de mi ser,
«corazón, mente y alma»,
cuando nos encontremos en el «cielo o el infierno».

Corazón de oro

No llevo la coma exacta,
ni el punto suspensivo a la par de la gramática,
no llevo la comilla adecuada,
no llevo el signo de interrogación perfecto,
pero, en mis sentimientos,
y en mi corazón,
sobrevive la filosofía y la poesía perfecta,
que nace del alma en solo segundos,
un don eterno que me ha otorgado la vida
de acuerdo a los golpes de mi existencia.
Por siempre permanecerá en mí,
«un corazón de oro»,
que entregará un alimento bueno o malo para tu alma,
y solo el lector decidirá el camino para su corazón.

«Volver y regresar»

Quiero partir y no regresar,
«solo quiero volver».
Entre el volver y el regresar
existe solo una diferencia,
una diferencia que solo la entienden los locos.
Cuando vuelves es para siempre,
cuando regresas existe una pronta partida.

El verdadero amor

En la vida hay mil amores,
pero solo uno es el perfecto.

Lo cuerdo del vivir

Mira el hoy, el mañana poco existe,
existe para ti y para mí si lo logramos.
En el pasado reside la vida,
al igual, que en el presente sonreímos un hoy,
y el futuro solo te otorga una «ilusión»,
la ilusión del querer cumplir todo sueño en esta existencia.
El pasado, el presente, y el futuro, siempre son valorables,
ya que, los ciclos de la vida se basan en la existencia,
«un pasado, un presente, y un futuro».

La riqueza y el pensamiento de los locos

Mi canto todavía no ha sido disuelto,
mi canto es la poesía y la filosofía
que intenta producir un cambio en la humanidad.
Todo no resplandecerá hoy,
sino mañana, cuando mi tumba cobre vida
para con mis generaciones.

Rumbo a la felicidad

El mañana puede ser sorprendente y cruel,
aquellas dos, son las únicas opciones en la vida,
pero, entre risas y llantos consiste el existir.
La cúspide de la real magia de la felicidad
sobrevive en otro sitio,
un sitio tan lejano y cercano a la vez,
aquello permanece tan tenue y quieto
esperando el gran y maravilloso viaje hacia el universo.

El valor de tu verdadero enemigo

Ten cuidado contigo mismo.
Tú eres el enemigo más grande que podrás encontrar,
esa lucha vale más que miles de diamantes,
lucha siempre contigo mismo en la vida,
lo demás, son solo payasos pintados con tintura barata,
«y recuerda, que después de la función la tintura desaparece»
y los lobos vuelven a ser ovejas inocentes,
pero inocentes de acuerdo a su hipocresía,
esos enemigos no valen nada.

Mentes vencedoras

Solo fui capaz de conquistar
un par de corazones en este mundo,
corazones que no me querían.
Ahora me conquisté a mí mismo
y he vuelto a ser el mismo de los 23 años.
Le gané a la esquizofrenia,
algo que pocos podrán lograr.
Sigo loco y paranoico,
pero con la convicción,
de que mi mente pudo ser dominada.
Solo ahora, creo las locuras en letras,
lo que plasma mi corazón.

Enigmas

La razón tiene poder,
pero no es propietaria de la verdad.
El corazón y los sótanos de la vivencia
son los dueños de la verdad,
y en cierta parte de la razón.
Una razón que llegará a culminar la perfección
cuando conozcamos lo desconocido
que habita en el universo inentendible para vosotros.
Aquel universo, algún día nos dará la explicación
a ti y a mí.

Conquistando los sueños

Cumple los sueños del ayer,
realiza las ilusiones del pasado,
conquista tu propio hoy,
y así, vendrá el éxito que anhelas para tu futuro,
«nada te detiene».

Proezas del corazón

El pronto es un instante,
mientras lo lejano se acerca cada día
a tu vida en base al sacrificio constante
que tu valentía ha creado.
«Todo es un vivir de acuerdo al ejercicio
de querer cumplir tus sueños e ilusiones».
Aquí en esta vida no existe nada más
que querer lograr lo inalcanzable
para satisfacer lo que anhela vuestro corazón.

Abrazos y besos perfectos

Cuando lo correcto se comunica con lo incorrecto
se encuentra la perfección, es decir,
cuando el agua se besa y se abraza con el aceite
logramos la real comunicación entre todo ser.

Soles marrones

«Y el ruido, el murmullo que despierta mi pensar en su opaco silencio,
por siempre será, como el color marrón que anheló mi corazón para el sol y la luna.
Un color marrón donde no existe ni lo claro ni lo oscuro.
Un marrón, que deja ver por día y noche, y lo cual,
puede ser el gran paso a que no exista la oscuridad».

Sueños e ilusiones inmortales

Las ruinas y las riquezas que han dejado tu historia,
las recogerán tus generaciones.
Serán sus diamantes en el recorrido de su existir,
por lo tanto,
«Cumple, y vuelve tus sueños e ilusiones realidad,
aquello es el pilar y la campana
que tocará los oídos a tu descendencia».

Paseando por la vida

La hermosura del pálpito de mi corazón
permanece en la magia de los andenes
en que mi corazón espera aquel tren del recorrido de la vida.
Sufro, quiero y no quiero, me sostengo, y muchas veces muero,
pero en vivir y morir siento el lapso de sentir lo muerto y lo vivo
y, solo sé, que ahora estoy viviendo,
y en aquello, me sostiene la fe y la esperanza
de seguir amando a los míos por siempre hasta la eternidad,
ya sea, en un poema, o en la fábula de los caminos
que me otorgaron las ilusiones de querer estar parado
y en pie con la convicción del querer construir un mundo distinto para mis generaciones.
Solo sé, que «los amo de aquí hasta la eternidad
y, entre risas y llantos seguiremos conquistando nuestros propios mundos,
hasta encontrar el bosque perfecto que mire al cielo
y se convierta en el real paraíso
que sobrevive en los anhelos de vuestro corazón».

Los pasos de tu conciencia

Ríete hoy y morirás hoy o mañana,
llora hoy y morirás hoy o mañana,
pero, entre el hoy y el mañana
la suerte de tu conciencia será el castigo de tu propio destino.
Obra bien siempre,
y entre la humedad y el calor de tu conciencia
verás los frutos para con tu alma.
Cada obra hecha con amor
permite el paso a la victoria de tu corazón.

El pronto y su poder

El pronto es tarde cuando una ilusión se escapa,
pero, el tarde es peor,
aquella ilusión nunca volverá,
y sin embargo, «el pronto tiene el poder de recuperar tu ilusión,
el pronto es la rapidez del juego de tu destino».

El timbre de tu alma

Sujétate a tu convicción, ese es el real paso a tu victoria.
Nadie va contigo en tus decisiones,
toda decisión le pertenece a tu corazón,
y aquello son las puertas que provocan fuego y nieve en tu vivir.
El poder del decidir, es la puerta para el caminar de tu alma.

El vuelo hacia el éxito

No te detengas, todos comenzamos y terminamos algo en nuestra vida.
Recuerda, que Dios siempre tiene preparadas aventuras para tu vida.
El comienzo siempre tendrá sabor y aroma a final en nuestro existir.
La vida se concentra en etapas de sonreír y llorar,
y toda cumbre siempre será alcanzable si te lo propones.

Besándote

Marrones son tus ojos
y tus ilusiones color rojo,
tan rojo como tu sangre
que con un fuego arde.
Y en el hielo de tu mirada
yo buscaré mi entrada
que por más que te amo
te entregaré mi ramo
de humilde y alegre rosa
para ti, mi amada esposa,
que con tu amor y corazón
me brindaste todo tu amor
de un paraíso de estrellas
donde tú eres la más bella.
En sus colores y detalles,
dando luz a mis valles
que alumbran mi ser
y aquí vuelvo a nacer
queriendo besarte
y en tus besos amarte.

El concierto del loco

Dignifícate a ti mismo.
Tú eres el rey de tu propio concierto,
y aunque no haya espectadores en el show,
tus palabras y letras llegarán hacia el futuro de tus generaciones.

Pacto de amor

Quiero ser el sol de tu verano,
mojarme con la lluvia de tu invierno.
Y mientras tu risa acaricia
la flor que habita en mi corazón,
el pasto de nuestro paraíso será
de un color azul y los cielos se
volverán verdosos en lo extraño
de nuestro gran amor, que hace
llover en verano y provoca una
tormenta en la primavera, donde
tú y yo, jugamos la suerte del
destino entre el conflicto del
fuego y el hielo en la estación
de un clima fantasioso de sueños
e ilusiones selladas por un pacto
del alma que unió vuestros corazones.

La tristeza y su poder

Los ojos tristes ven detrás de la pupila.
Ven lo que ocurre en los rincones de tu corazón,
y por siempre entregarán paz a tu alma en la aflicción.

La presión del tiempo

Persíguete y encuéntrate a ti mismo.
Los juegos de la mente y de la imaginación son así,
tu sombra amigablemente quiere abrazarte
y acompañarte en la oscuridad y no puede,
al igual que tu espejo anhela verte en la oscuridad y nunca podrá.
Lo real es que con frío te abrigas, y con calor el hielo te refresca.
Pero, aquí hoy, estamos destinados a sobrevivir con valentía y coraje.
La presión del tiempo siempre te otorgará sabiduría.

El viaje de la poesía

La cruz de la poesía,
es la nostalgia y la melancolía,
allí se detiene el corazón y nuestra alma
para plasmar las letras de tus emociones y sentimientos.
La poesía cabalga en su caballo
un viaje que va directo a la eternidad.

Mi don viene de ti, «Madre mía». «Te amo»

Donde quiera que estés sé que te amo,
y aunque la distancia sea tierra y cielo,
nos volveremos a encontrar.
La magia es la aventura de un reencuentro,
y el truco de la vida es la distancia,
que con amor acerca la ilusión de poder abrazarte nuevamente
en los bosques de un paraíso lleno de paz y amor.
Te amo, mi viejita, la historia, y la marca
que quedará en nuestra generación va por ti.
Todas mis letras salen en un segundo,
son lo que dice mi corazón,
lo que hay muy adentro de mi alma
esperando volver a encontrarte.

La eternidad en amor

En los días de lluvia y calor mi madre buscó mi sustento.
Y en el ayer y el hoy soy gracias a ella el hombre que soy.
No me detengo en el ruido de los venenos del mundo,
solo me detengo cuando escucho el silencio,
un silencio que provoca un ruido y una luz para mi corazón.
Allí sobrevive todo,
«en el escuchar el silencio que abre las puertas de mi alma
con y para un amor eterno».

La compañía eterna

En los pasos de tu alma
sobrevive tu misión.
Y en el silencio de tu corazón
reside tu pasión,
que por más y menos ocurre un canto
donde existe devoción.
Lucha y vive en callar, y sabrás lo que es amar,
porque, «el sí», que permanece en tu alma
siempre te enseñará a amar,
recordando que tu suerte
es el timón de tu destino,
que cabalga y tropieza
de acuerdo a cómo sea el camino.
Pon hoy y siempre,
la ruta de tu vida en la esperanza
y la fe en lo sobrenatural
que te acompañará en cada despertar.

La vida y su curso

La ilusión le pertenece al mañana,
los sueños son el hoy de la fábula
que mantiene tu corazón en pie,
mientras aquella tristeza
que es hermana de la alegría,
caminarán junto a ti en el recorrido de tu vida.
Así de simple, la vida es tristeza y alegría.
Momentos e instantes buenos y malos
que marcarán tu propia historia.

La matemática de la vida

Un tanto solo, y en el silencio,
comprendí que la matemática de la vida
consiste en los errores de nuestros pasos,
que dan a conocer la real fórmula
para construir nuevamente cada día
una pirámide perfecta para nuestro futuro.

Corazones de vida

Hoy es viernes,
mi corazón palpita,
el mañana, tal vez no ocurra en mi palpitar,
pero, no soy un tanto negativo.
Solo conservo la realidad de lo que se llama «vida»,
una vida donde no hay precio que pague mil años de existencia
y, por lo cual, tienes que disfrutarla hoy,
porque, como dijo mi amigo Cabral,
«nadie sabe cuándo es mañana».

La conquista y la magia de tu vivir

Cuando la luz conquiste tu destino
estarás preparado para morir.
Mientras tanto, aplica la valentía
y el coraje que te ha sido entregado desde lo alto.
Son millones de bendiciones
que tu alma ha rechazado en tu vivir
sin que te des cuenta
por la ignorancia y la rebeldía
que permanece en tu corazón.
Mira el hoy con prudencia,
y verás, que todo sueño e ilusión
puede cobrar vida aquí
donde sobrevive el calor y el fuego de tu vivir.

La marca del lobo

«Me recordarás por siempre,
mis besos serán por siempre tu fantasía,
y entre sueños e ilusiones
permaneceré en la eternidad de tu corazón».

«El miedo heredado, y la pala del existir»

Quizás, no hemos nacido
ni preparados para la vida ni para la muerte.
El miedo heredado que viene de un enigma desconocido,
por siempre sostendrá un desazón,
«un símbolo de una tristeza
que cabalga en lo que es tener un pálpito de vida
un tanto doloroso cuando todo ser piensa en el fin,
un fin irremediable, que es la muerte,
o ya sea, un comienzo de otra vida
en los misterios del futuro de un universo desconocido
que anhela nuestro corazón y nuestro ser
cada día en el sentir para con volver a vivir
el reencuentro con todo inicio de existencia
que fue nuestro primer llanto al nacer,
que con cada segundo del recorrido del tiempo
conoció poco a poco el temor
a no querer nunca morir,
y tener una eterna existencia en la pala
que ha de tener que enterrar vuestro cuerpo
y levantar vuestra alma en el mañana de lo desconocido».

La nota de tu pasar aquí

No tenemos más oportunidades en lo conocido.
«Disfruta la vida ahora y aquí»,
ya que, en lo desconocido puede que exista otra forma de vivir,
y por más, que en otro universo
exista la paz y el amor verdadero,
«tu corazón y tu hoy en esta vida
tiene grandes cosas
que serán una gran historia para tu descendencia
en lo corto o largo que tenga tu pasar por aquí».
Aquello será la marca del hoy,
un hoy, que aunque no conozca el mañana,
igual sostiene un peso enorme
para todo lo que amas aquí en este sitio,
«tu sangre, tu hermosa familia,
y unos pocos amigos que has cultivado por aquí,
es decir, lo poco o mucho que valga tu pasar en esta tierra,
aprovéchalo con lo que más amas en esta existencia».

El clamor de un héroe

Los golpes de la vida te enseñan a ser otro tú,
«un tú tan distinto, que por más, en su rebeldía
quiso ser un héroe inmortal,
ahora es un mendigo clamando vida
y nunca querer morir».

El juego de la vida

Los errores en el pasar de la existencia no se lamentan,
son el pasado del naipe que te condena
a una eterna sabiduría hacia un futuro
que se juega la vida con las maravillas
y los golpes de la suerte del presente.
«El aquí», le pertenece al destino
que conmueve el sonreír y el llorar
de los pasos del juego otorgado por la vida.

Viaje de amor eterno

Rozando tu corazón con mi mirada,
me percaté que por siempre serías mía.
Y en aquel andén te encontré un julio del año 2008,
donde aquellos pálpitos de nuestro corazón
comenzaron una historia en el tren del amor
en un viaje con dirección hacia la eternidad.

La ruta del tiempo

Lo mejor del pasado es la sabiduría adquirida,
lo mejor del presente, es el sonreír y llorar,
y lo mejor del futuro, es la esperanza
en aquellos sueños e ilusiones a concretar.
Todo es una burbuja, donde el pasado, el presente y el futuro
sostienen la vida.
«Eso es lo que importa», sentirse vivo,
sea como sea en los caminos del destino.

Los locos y su historia

La gente especial no encaja en las multitudes,
piensa y vive por las noches contando las estrellas
y conversando con la luna.
Y de repente, por los pasillos,
donde entre la luz y la oscuridad desaparece su sombra,
intenta aclarar los enigmas de toda existencia.
«Esos son los locos que algún día marcarán historia».

Los cantos del vivir

Nunca nadie sostendrá el poncho de tu dolor.
Cada tristeza y aflicción de todo semejante es distinta.
Una cruz tan diferente entre seres,
que los golpes del saber son los dueños de tu alma,
mientras así, entre proezas y derrotas,
camina el destino cantando la canción de la vida,
del «vivir y morir» entre soles y estrellas distintas.

La pluma sin sentir

Aunque entrenes tu mente con máster y doctorados,
tu conocimiento no sirve de nada.
Así son los políticos de todo bando,
emociones y sentimientos ficticios queriendo gobernar pueblos,
países y ciudades.
La política no es sucia,
son los mamarrachos con su pluma
los que ensucian y ponen en juego los sentimientos
de los pueblos humildes que claman igualdad y libertad.

El poder de un abrazo

Un abrazo sincero es decir «te amo»,
en aquella forma de calor humano y de alma,
se construye el mundo para vuestros corazones,
solo allí existe el verdadero amor.

El rencor del loco

Tengo un rencor tan grande con mis sangres
y mis cercanos que prometían aprecio,
a pesar de que los amo a todos 364 días del año,
pero el 6 de abril es el aniversario de mi odio para con todos.
Odio la hipocresía de los funerales,
la cercanía ficticia de los velorios,
porque es allí, donde las emociones de los seres humanos
se engañan a sí mismos prometiendo el cielo y la tierra
al doliente y huérfano que queda sometido
dentro de los túneles de la angustia y el dolor
que emana fuego del corazón.
Lo digo ebrio día y noche en mi soledad,
y lo pienso sobrio cuando recorro mi corazón
y el fuego que quema mi alma.
500 días encerrado, esquizofrénico,
dopado con mil pastillas esperé el golpear de la puerta
con un abrazo de apoyo para este loco,
un soporte prometido por emociones erróneas.
Un abrazo que solo quería escuchar esto:
«Vele, tú eres fuerte y saldrás adelante».
Los golpes de aquella puerta anunciaban alegría a mi corazón
anhelando un abrazo de amor,
pero, cuando abría aquella puerta
sonreía mi corazón entre lágrimas al ver el cartero entregándome papeletas.

«Madre mía», mis desahogos serán en borracheras por siempre,
te pido perdón por aquello.
«Te amo, mi viejita, solo nuestro Dios sacó adelante
a este gran hombre que gracias a ti soy,
y seré por siempre hasta mi último palpitar».

Momentos exactos de felicidad

El secreto de la felicidad
está en desahogar toda tristeza del alma
y comenzar un nuevo día cantando la canción eterna
de un corazón que anhela cumplir toda ilusión y fantasía en su futuro.
«La felicidad, aunque se viva en solo instantes,
por siempre vendrá después del desahogo
de cada desazón que te otorgó la vida».

El resentimiento

La vida es tediosa,
cuando me traslado en el tren de mi imaginación
la encuentro un poco más noble y sincera.
La vida y el recorrer de los pasillos de la existencia
me entrega la vista perfecta,
una vista donde veo una sociedad mordida por el odio
que quedó incrustado en los dolores de sus infancias.
Al igual que yo, que soy un mediocre queriendo marcar un golpe
en la historia,
veo gente que niega su mediocridad
ocultándola en máscaras de una realidad que no les pertenece,
solo boicotean su propio vivir
ocultando engaños a sí mismos.
Siento en ocasiones, un asco tremendo por la sociedad,
una estadía malhumorada que vive en un odio
maquinado por sus decepciones
impidiendo los pequeños instantes de felicidad.
Creo que hoy, tal vez podamos cambiar el mundo
cuando la NASA anuncie la destrucción de la humanidad.
En un momento así, nos reuniríamos todos clamando vida
para evitar la destrucción del propio mundo
al que no le hemos tenido cariño.

La belleza y su cantar

La belleza cobra vida solo cuando se limpia el corazón,
es decir, la belleza va cobrando vida cada día
cuando nuestro comportamiento como seres humanos
entra en la razón del arrepentimiento de nuestro mal actuar.
La belleza otorga vida solo en la plenitud de ser mejores personas.
La belleza verdadera permanece en el corazón y el alma,
el cuerpo solo es la conquista de carne a carne
que va envejeciendo con el tiempo.

Conexiones de almas

Conoceremos y conocerás muchas personas
en el tránsito de tu vida.
Solo algunas marcan huellas en tu corazón,
aquellas huellas son las marcas que unen las almas,
una conexión de alma sin explicación,
un abrazo silencioso donde se permite la verdadera libertad
que sobrevive en lo calmo de vuestro corazón cobrando vida.

Rumbos y enigmas

Sucede pocas veces, pero cuando sucede,
te das cuenta del valor que tiene la vida.
Rumbos extraños y paraísos eternos son los que gobiernan
la inconsciencia de cada ser, y es ahí,
donde el ojo humano sostiene la conexión con los enigmas impermitidos,
allí, cuando el universo te otorga el conocimiento
que escapa a toda humanidad.

La victoria de tu ser

La ausencia de sentimiento en tu corazón
provoca no querer vivir más, y destroza tu alma,
pero, cuando la pirámide de tu vida
se construye con un amor de verdad,
vuelve la capacidad de comenzar a encontrarte a ti mismo
y volver a ser grande entre triunfos y derrotas desatadas
que otorgan el fuego victorioso para con tu sentir y tu corazón.

Otorgando paz

La sabiduría tiene peso, y es dueña de la verdad,
ahí se otorga la razón del amor,
para que el dominio oculto que atrapa tu alma
pueda descargar el morir de su corazón en la aflicción,
y en cierto modo, ser feliz y sonreírle a la vida
aunque sea en algún instante.
La pesa de tu vivencia es sabiduría,
solo allí, en los golpes duros,
y también maravillosos de tu existir,
podrás poner calma en ciertos corazones
que deseen poner paz para su alma y su existir.

La conquista de la locura, «la esquizofrenia»

Vi, cuando todo estúpido que se creía perfecto,
venía y se iba mendigando paz por sus errores
tirándose mierda a sí mismo.
Me tiraban mierda siempre por no ser como ellos,
y aunque, «yo era uno de ellos»,
solo pensé en aquellos estúpidos
que no quisieron pescar aquel tren en ese andén
por miedo a lo desconocido, «yo me subí»,
y aquel tren con la chimenea de humo
que quemaba mi corazón con fuego mi alma,
me hizo entender que en algún mañana
podría ser un hombre distinto.
«Y ahora lo soy,
en la mágica y única perseverancia
de haber conquistado mi propia locura».
Pocos pueden aquello,
«y yo, lo logré».

El poeta solitario

La sinceridad que emana de tu corazón,
es el fuego que quita la máscara
de los individuos que te hicieron compañía
solo cuando tu situación andaba bien.
Si ya no beben contigo,
y no comparten de la misma pipa
que calmó su angustia en sus momentos críticos de soledad,
significa, que la soledad por siempre será tu compañera
en tus dificultades.
Pero, las estrellas sostienen un poder oculto,
que levanta tu corazón cuando termina el amanecer.

Encuentros verdaderos

Resulta un tanto imbécil,
pero, siempre hay algo que podrá acabar con nuestro dolor
aunque sea en algún instante.
Un buen trago, un cigarrillo, o una buena taza de café.
Todos tenemos en esta vida un refugio
que permanece en una toxina esperando un mañana diferente,
fuera de males y desdichas,
compartiendo la risa en nuestro despertar al amanecer
y, decir todos los días,
«doy gracias por estar vivo,
y por sentir el amor de verdad aquí hoy,
el amor de los que siguen conmigo a mi lado,
los que en la esperanza y mi fe,
querré volverlos a ver en la eternidad».

El aura y su infinito

Rebosa en momentos el cantar
de un aura desconocida en mis semejantes.
Un aura insostenible que se refleja en su mirada
y, lo puedo «ver», eso se llama «amor»,
al igual, que el odio maquinado
de las mentes perversas de muchos
que sostienen una justicia para sí,
que viene de otro sitio que está guardado en el universo.

Venciendo a la muerte

Y mañana, cuando el destino te diga, «no puedes»,
doblégalo con tu sonrisa al despertar.
El poder de tu vivir permanece en tu corazón,
y cuando la muerte intente alcanzarte,
«recuerda siempre, que existen los enigmas,
y todo enigma sostiene una explicación
y una solución en un más allá».

El camino del loco

Si hoy estoy loco, mañana seguiré
«loco», la cordura me produce asco,
aquello es lo que produce la destrucción de la humanidad.
Los cantares de un cuerdo se dejan llevar unos a otros,
mientras la locura camina paso a paso
intentando gobernarse a sí mismo
conquistando un amor que perdure para siempre.

«Y te sueño, y te quiero»

«Y te sueño, y te seguiré soñando
en el secreto de mi corazón,
y cuando vuelva el alba, al amanecer,
pondré los pasos de mi alma
en dirección a un abrazo lleno de pasión
para con nuestro amor».
El te sueño tiene un te quiero,
y ese te quiero, que significa un te amo, «eres tú».

Los pasos de la memoria

En la nostalgia y la melancolía,
sobrevive allí en un rincón «la felicidad».
Momentos indispensables en los viajes de nuestra memoria,
que ponen en ejercicio la conexión de la mente con el corazón
recorriendo el ayer, el hoy, y los pasos en un eventual futuro.
La imaginación, los recuerdos, los sueños, y toda ilusión,
son los dueños en aquel caminar de las rutas de nuestro existir.

El fuego de la vida

Me clavo el puñal cada día,
pude haber prolongado y apaciguado
los segundos de aquel reloj de tu existir
para que hoy estuvieras viva,
pero, aquí en mi borrachera,
solo espero nuestro encuentro en la eternidad.
Sé, que recuerdas en algún lugar donde estés,
que yo estaba fuera de sí,
tan fuera de sí con los psicotrópicos
que no pude salvarte,
y aunque en la rebeldía de mi corazón
te veo en mis sueños
y los pasillos que recorre mi vida,
sé, que de alguna forma tu energía viva
ha quedado en mi corazón
como un ángel que me acompañará de por vida
en el caminar hacia un futuro
que va con dirección a un encuentro más allá
de esta mierda de mundo
donde solo permanece día a día
en un odio que quiere dominar la humanidad.
Tú sabes que no me llevo con el mundo y sus villanos,
y solo amo a los que en mi poder de discernimiento,
sé que viven para hacer el bien.

La basura que hace el mal sostiene un castigo eterno,
que no tiene pago aquí,
pero tiene un pago que será en un más allá, «en la eternidad».

He tallado mi locura, mi sufrimiento,
mi dolor y mis instantes de felicidad
con un cincel que marca los pasos de mi alma.
«Y mi corazón, un tanto soberbio y soberano,
hará permanecer toda letra
que ha nacido con fuego en los infiernos de mi corazón
con destino hacia un paraíso
donde solo gobernarán los locos
que en algún momento han intentado
cambiar el recorrido de los trenes de la vida».
«Recuerda, que mañana tú y yo,
nos bajaremos en el mismo andén
encontrándonos en la realidad de nuestros sueños,
ilusiones y fantasías».

EDIQUID

www.ingramcontent.com/pod-product-compliance
Lightning Source LLC
LaVergne TN
LVHW041146150826
845673LV00001B/85

9786125160935